1841

一八四一

# 日治建設的
# 尋古之旅

## 從基隆港到屏東二峰圳
## 走訪臺灣歷史的八個悠遊路線

附歌劇《到台灣引水的男子：八田與一的故事》劇本

緒方英樹 著 ｜ 鄧淑瑩、鄧淑晶 譯

# 目錄

## 創作歌劇二幕：

## 到台灣引水的男子八田與一的故事／緒方英樹

# 序言

# 後藤新平鋪設的命運軌道

「說不定，我正在後藤新平所鋪設的命運軌道上行走。」

某日，八田與一技師好像對其長男八田晃夫曾經如此喃喃自語。這些話，我是在台南市烏山頭水庫岸邊舉辦八田技師墓前追思會，站在榕樹樹蔭下的時候，聽八田晃夫先生所說的。晃夫先生在參加二〇〇六年的墓前追思會後，大約經過兩個星期，於五月二十日往生了。先前從晃夫先生之處，所拿到的著作《後藤新平略史》一書，現仍留在我手邊。

今年（二〇二二年），是八田與一技師逝世八〇週年。依照往例的話，在五月八日，技師逝世紀念日當天會有許多日本人造訪，參加位於烏山頭水庫旁的八田技師銅像前舉辦的獻花儀式，但受新冠疫情影響，這次改在台灣及日本兩地分別各自辦理追悼會。在八田技師的出生地金澤市，係在金澤故鄉偉人館舉行了慰靈的祭典，八田與一技師的孫子，亦即八田晃夫的兒子八田修一，亦參加了典禮。

偉人館二樓的常設展示場，展示了與金澤有關聯的「撐起日本現代化的偉人們」，亦即在各領域留下功績的偉人資料，以彰顯其貢獻。八田與一名列其中，以土木技術者的身分被尊奉為偉人，可說是相當罕見的例子！

但是，在日本統治台灣的時代，築起台灣現代化發展的根基，且貢獻卓著、成果斐然的先鋒，非僅八田與一而已。本書將從八田與一開始，分別介紹開墾台灣大地的眾多先賢。

那麼，有關八田與一喃喃自語，後藤新平鋪設的命運軌道，到底是怎麼一回事呢？

台灣在當時未受清朝的文化移植薰陶，幾乎可說是「化外之地」。日本統治台灣後，經過初期的坎坷曲折，台灣總督府調查全島地理、地形、地勢，並以此為基礎，研擬各項都市計畫，整備道路、鐵道、港灣、電信、電力、上下水道等工作，正式展開台灣現代化的各項基礎建設。第四任總督兒玉源太郎，以及當時的民政長官後藤新平，是該等政策之制定者。更關鍵的依據，是後藤新平的台灣統治思維理想及實踐方式，不僅為台灣現代化的基礎建設奠定方向，亦成為後續日本年輕技術者在台灣努力的目標。

後藤新平花了六年的時間，調查台灣全島的土地。為此，後藤設置臨時的台灣土地調查局，自己兼任局長職務，並拔擢年輕事務官中村是公為副局長，策劃擴大農地面積、增收地租、更新租稅制度。另外，還從日本拔擢最優秀的人才，建設農產品運輸及產業發展所需要的港口、鐵道、道路，整備公共設施。在開發基隆港時，後藤自行擔任建港局長，並拔擢川上浩二郎為技師長。在建設台灣縱貫鐵路時，後藤新設台灣鐵道部，自行擔任部長，從日本國鐵招聘長谷川謹介技師來擔任技師長，建設縱貫台灣南北的軌道（基隆與高雄間），直至明治四十一年（一九〇八年）才全線完成開通。另外，在製糖產業上，除了招聘新渡戶稻造，從事甘蔗品種改良及改善耕作方法外，後藤還為了謀求製糖工廠的現代化，進行大規模的種植與生產，使得製糖業成為台灣當時的主要產業之一。

至於八田與一技師，這位引水至廣大的不毛之地，被當地民眾尊崇如神一般的先賢，他開始活躍受矚目時，已經是接近台灣統治中期的大正時代的事了。

【行程一】

# 登山鐵道技術的高峰

阿里山鐵道之旅

## 行程景點

嘉義車站
▼
北門車站
▼
樟腦寮車站
▼
交力坪車站
▼
奮起湖
▼
肖楠步道
▼
水社寮車站
▼
嘉義車站

## 路線

搭乘阿里山百年森林鐵路，從嘉義登上阿里山上的奮起湖，認識阿里山林鐵的特殊建造技術，感受森林中自然與歷史交織出的氛圍。

### 嘉義車站

嘉義站曾是臺灣唯一「三鐵」並存的車站，除了臺鐵和阿里山林業鐵路以外，也是糖業鐵路的車站。三條鐵路匯聚於此，也造就了嘉義市在日治時代的繁榮。如今在一號月臺，依然可以看見不同軌距的台鐵（1067mm）與林鐵（762mm）路軌並列。

## 北門車站

北門是阿里山林業鐵路的起點站，以古典的日式風格設計，見證着阿里山林業發展的興衰。如今分為舊站與新站，前者成為了紀念館，展示鐵道的歷史，附近的車庫園區還有一台日本皇室貴賓車。至於搭乘阿里山鐵路，則要到二〇二三年建成的新站。

## 樟腦寮車站

臺灣曾經是「樟腦王國」，以樟腦出口為經濟支柱。樟腦寮因附近盛產樟腦而聞名，是阿里山鐵路重要的一站。這裡採用X型軌道設計，是全臺唯一還在使用的折返式車站，以免火車再次發動爬坡時動力不足。離開樟腦寮後，火車更會以螺旋型環繞獨立山三周的方式垂直爬升，是當時非常先進的設計。

## 交力坪車站

車站海拔接近一千公尺，有很高機率可以觀賞到雲海，也可以看到瑞豐峽谷。車站附近有雲潭瀑布、向山瀑布、圓潭自然生態園區、燕子崖、瑞里千年蝙蝠洞等景點，展示出阿里山不同形態的自然之美，當然，也都是打卡拍照的好地方。

## 奮起湖

本來叫做「畚箕湖」，奮起湖是阿里山鐵路最大的中繼站，當年從嘉義到來的列車都會在此停靠，補給煤炭跟水，工作人員也會趁機休息跟吃飯，於是形成老街。我們也非常建議旅客在此享用午餐。附近的舊車房已經改建成蒸汽路火車展示場，展示阿里山和奮起湖的發展歷程，以及鐵道的獨特技術。

## 肖楠步道

這是在奮起湖附近的一條高架木棧道，兩旁長滿了日治時代種植，已經有上百年歷史的肖楠樹，環境非常清幽寂靜，很適合午飯後放鬆身心散步。步道全長約四百公尺，一般人都可以輕鬆完成，邊吸收芬多精邊被千蒼古木所療癒。

## 水社寮車站

從奮起湖回程，會經過水社寮站。這是一個非常特別的「Ω」字形車站，火車進站後停靠在彎曲的月台，到出站時剛好已經轉了一百八十度，阿里山鐵路只有兩個這種設計的車站（另一個為二萬平站）。同時，當年水社寮一帶長滿了漆樹，因此也是日本人提煉漆膠的地方，並曾設置水車。

## 行程資訊

- 時間：全天約九小時。
- 起點：嘉義火車站。
- 終點：嘉義火車站。
- 午餐地點：奮起湖老街。

## 票務、班次資訊

- 阿里山林業鐵路本線在平日只有早上九點一班，週末加開八點半及九點半車次。
- 下山方向平日下午兩點半抵達奮起湖，週末加開兩點及三點半車次。

·從嘉義到奮起湖站的成人票價，中興號冷氣區間車為345元，阿里山號冷氣對號車及檜木列車為384元。

## 交通資訊

·搭乘臺鐵、客運及公車皆可到達嘉義站，同時也有BRT連接嘉義高鐵站。

# 一

# 闢建鐵道：台灣縱貫鐵路總長四〇五公里的目標

明治二十八年（一八九五年）六月，設於台灣台北的總督府已經正式開府了，這是一座用紅磚和花崗岩興建的官廳建築（照片-1）。現在台灣總統府前的單邊三線車道，幅寬四十公尺的道路，正是沿用昔日的設計，目前還維持原狀使用（照片-2）。當初，台灣總督府視鐵道建設為最重要的課題，投入巨額的費用及最優秀的人才，但是，由於當時流行地方風土病之故，鐵道建設遭遇莫大的犧牲與損失，而舊線的修補工作也出現許多必須一一克服

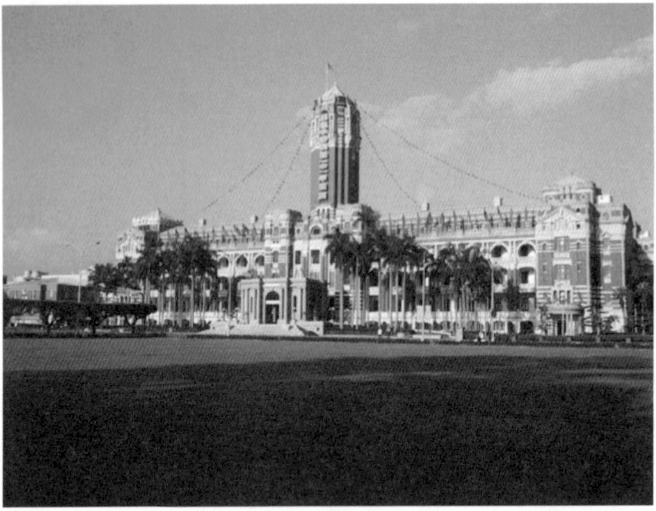

照片－1　台灣總統府（舊台灣總督府）。

照片－2　台灣總督府前單邊三線道，幅寬四十公尺的道路。

的困難。所以，台灣的鐵道建設，可說是在極為險惡的道路上，構築台灣鐵道的新基點。

第一任台灣總督樺山資紀，是擘劃台灣統治「百年大計」的人，他提案並通過「南北縱貫鐵路建設」、「道路建設」、「基隆港建設」，同時也是立即成立台灣鐵道總司令部的重要推手。為了實地調查台北至基隆的鐵道，派遣遞信省（相當於交通部）鐵道技師小山保政前來勘查。當時，還遺留著清朝時代台灣省第一任巡撫劉銘傳所指揮鋪設的路線，不僅有數處軌道脫落，火車車廂僅有一節，而這車廂沒人從後面幫忙推是無法移動的，這簡直是毫無實用性的移動代步工具。實際上，當時的主要交通工具，不是步行就是搭轎子，又或搭船，這與日本明治時期以前是同樣的狀況。不過，上面下達指示，以運送軍事物資為目的之鐵道成為最優先的建設項目。

任職於臨時鐵道隊技師的小山，被命令辦理該修復工作，他一邊從日本調度枕木、車廂等鐵道建設資材，一邊奔走於購買台北車站建設用地。但是，未開化的亞熱帶地區，所謂瘧疾及霍亂等地方風土病，還有氣候不順等因素，每每讓工程者疲累不堪，臨時鐵道隊也已出現許多的犧牲者。即使如此，這些臨時鐵道隊技師仍持續進行從基隆至新竹的鐵道修復工作。

不久，來到第四任總督兒玉源太郎的時代，他確立了技術官僚政治，策劃制定鐵道國營政策，創設台灣總督府鐵道部。第一任鐵道部長由民政長官後藤新平兼任，可以感受到他對鐵道建設的無比熱忱。後藤的首要目標，是從基隆至高雄之間總長四〇五公里的台灣縱貫鐵路建設。後藤拔擢四十五歲的長谷川謹介擔任第一任的技師長，來實際指揮進行該項大計畫，因為他過去是日本鐵道界的頂端菁英。

鐵道部由總務、工務、火車、運輸、會計五個課所組成，長谷川兼任工務、火車、運輸業務。這些技師當中也有小山保政的名字。

長谷川派遣測量隊至各地進行實地測量調查，自己也親赴現場，實地參與台灣鐵道未來路線的決定。他決定同時進行基隆、新竹、台中、嘉義及高雄四區間的工程，而基隆至新竹以外的路線，則被視為是新路線，除了要穿越險峻山岳的多個隧道外，猛烈颱風造成河川水位的上漲，要在這些河川上架橋的工程極為困難。長谷川在台灣鐵道建設上，擁有從日本引進的二十四名卓越技術者，其中最值得矚目的是，以長谷川為首的小山保政、佐藤謙之輔等人，他們都是工技生養成所出身的菁英。

## 卓越的鐵道技術者

於縱貫鐵道建設上，長谷川所選拔的技術者當中，除了有井上勝創設的工技生養成所或東京帝國大學、京都帝國大學畢業者之外，也有民間工業學校出身的優秀技術者。譬如，為達成現代化之實施，需解決職工不足的問題，加上為了培育技師和職工中間的技術者，日本於明治二十年（一八八七年）設立的工手學校（現在的技術專科學校），也催生多位從這裡畢業的技術者。依據該校創立人渡邊洪基的說明，所謂的「工手」，指的是「協助將官，引導士卒的士官」之事。出資者有岩崎彌太郎、大倉喜八郎、高島嘉右衛門、古河市兵衛、涉澤榮一等人。同校出身的飯田豐二，在縱貫鐵路的調查及南部路線之建設、鐵道橋樑之設計及建設上，發揮了其技術專長，因而從技手升格為技師。此外，同學校畢業的進藤熊之助也是擔任台南至嘉義之間的測量、檢查與監督工作。同時，還有選拔攻玉社工學校前身的攻玉社測量學校，及岩手尋常中學出身的技術者，也一起從事縱貫鐵路之建設。

另外，長谷川特別關注要如何從阿里山的豐富森林中將木材搬運出來，並將此調查交付給飯田豐二，在飯田的規劃下，終於可看到預期的搬運路徑。

但之後，飯田在號稱日本第一長的下淡水溪（譯註：即高屏溪）鐵橋工程即將完成前，感染瘧疾在台南醫院病逝。有心人士建置的長谷川紀念碑上刻有「庶幾不朽」的文字，亦即鞠躬盡瘁於台灣鐵道是不朽之業。

其後，以繼承者的姿態出現的河合鈰太郎，也應該值得我們關注。他為了阿里山鐵道建設資材的供給，向長谷川提出阿里山森林的調查報告。身為東京帝國大學農科教授的河合，應後藤新平之邀遠渡來台，以森林學博士的知識，對阿里山森林鐵道鋪設有所貢獻，阿里山山上因而設置有「琴山河合博士旌功碑」（照片1-3），琴山則是河合的名號。

在縱貫鐵路建設上，其技能被認可的進藤熊之助，也參與了阿里山森林鐵道的測量及建設。但升等至阿里山作業所技師的進藤，卻在阿里山森林鐵道的修復工程中，因木材搬運車脫軌之故，以致身受重傷，並在嘉義醫院逝世。在嘉義公園內為其設置的殉職紀念碑，是當時的阿里山作業所嘉義出張

照片 - 3 被稱為「阿里山開發之父」河合博士之紀念碑。

所所長向安東總督請願，募集了三百五十位有心人士的捐款製作而成，碑石使用了當時甚為貴重的花崗岩。阿里山森林鐵路於明治四十五年（一九一二年），開通了從嘉義至阿里山的路線，全線八十五公里。之後，由於平成十一年（一九九九年）的大地震（譯註：九二一震災）及脫軌事件的發生，加上平成二十七年（二〇一五年）因颱風受創之故，阿里山森林鐵路展開全區間的復原工作。而從平成三十年（二〇一八年）七月開始，營運主體從台鐵局回歸至林務局，現在是由阿里山林業鐵路與文化資產管理處負責管理。

另外，全線四〇五公里的台灣縱貫鐵道，花費了十餘年的歲月，終於在明治四十一年（一九〇八年）開通了，這對台灣鐵道史而言，可說是翻開全新的一頁。全線開通儀式的委員長，由升任為鐵道部長的長谷川擔任。此一建設不僅貫穿台灣全境的交通，也順利地建構以經濟及文化為首地區之間的路網基礎，這就是鐵道建設最大功勞者長谷川謹介被稱為「台灣鐵道之父」

的緣由所在。長谷川的基本理念，據說是為「縱使只有一公尺也要先做，也要儘早一日完成，並且儘可能早日要有收入」。之後，長谷川歷任鐵道院副總裁，他的一生都奉獻給了台灣的鐵道建設。

【行程二】

# 西鄉隆盛兒子的遺產

## 宜蘭西鄉堤防之旅

## 行程景點

宜蘭設治紀念館

▼

西鄉廳憲德政碑

▼

光大巷文化廊道

▼

西堤屋橋

▼

金同春圳

▼

津梅磚窯

▼

宜蘭河濱公園

**路線**

從宜蘭市中心出發，穿梭於宜蘭河兩岸，以西鄉菊次郎和西鄉堤防為中心，探索宜蘭近兩百年的歷史發展以及水文變遷。

## 宜蘭設治紀念館

紀念館的前身是舊宜蘭廳長官舍，正是第一任宜蘭廳長西鄉菊次郎在一九〇六年所建。這座官邸是和洋混合風格的優雅建築，如今成為宜蘭設治紀念館，供旅客想象西鄉菊次郎以及歷任行政長官在此籌劃着宜蘭歷史發展的情景。如果還有時間的話，也非常建議把附近的舊宜蘭監獄門廳、舊主秘公館，以及舊農校校長宿舍（今為宜蘭文學館）納入行程，拼湊出完整的宜蘭治理圖像。

## 西鄉廳憲德政碑

在宜蘭設治紀念館吃過午飯後，可以沿着舊城南路往宜蘭河方向走，並抵達西鄉廳憲德政碑。西鄉隆盛的兒子西鄉菊次郎上任宜蘭廳長後，知道本地居民不斷受宜蘭河氾濫困擾，因此決定興建堤防。宜蘭民眾為紀念西鄉菊次郎解決水利問題的政績，便把堤防稱為「西鄉堤防」，並建立此「西鄉廳憲德政碑」。紀念碑所在，正好便是觀賞西鄉堤防的上佳地點。

## 光大巷文化廊道

「光大巷」地名源自附近的臺灣電力公司宜蘭營業處，這一帶正是宜蘭舊城最早有電力供應的社區。在臺電公司以及很多藝術家的共同努力下，如今光大巷鄂王社區已經成為充滿文化氣息巷弄，從潘宅古井到裝置藝術，呈現出宜蘭舊城的人文、水文特色。在光大巷旁邊的「楊士芳紀念公園」也同樣值得參觀，公園本來是臺電公司的日式宿舍區，現改為紀念宜蘭第一位進士楊士芳。

## 西堤屋橋

入口在宜蘭縣社會福利館旁邊的西堤屋橋，雖然是現代建築，但代表的卻是過去兩百年來，多少居民依靠各種津渡設施橫越宜蘭河的歷史。西堤屋橋曾經得到二〇〇一年的臺灣建築佳作獎，如今連同觀景台，都是宜蘭居民重要的休憩場地及公共空間。屋橋同時連接着著名的津梅棧道，掛附在慶和橋下，不失為一種獨特的過河體驗。

## 金同春圳

金同春圳的年代比西鄉堤防更早，在一八一一年就已經落成啟用，後來業者金同春購得經營權，遂定名為金同春圳。日治時期，金同春圳被政府納入公共埤圳系統，後來經過多次整修，變成現在綠樹林蔭、水淨魚游的水道。附近的慈航宮，相傳也是從前的村民在圳中打撈出一尊媽祖神像，繼而搭建草寮起來供奉之。現在的慈航宮，則是在一九〇二年重建而成。

## 津梅磚窯

津梅磚窯又稱為宜蘭磚窯，在一九一〇年代由日本人建立。當時日本人在這一帶發現上好的燒磚原材料，因而建窯開始生產，現在雖然已經荒廢四十多年，但這一組十三目窯身，還是宜蘭，以至臺灣少數保存得相當完整的「目仔窯」建築。十三座磚窯，加上紅磚煙囪，還有當年運送磚塊所用的鐵軌跟輕便車，自然成為宜蘭深度旅行時，必定不能錯過的打卡地點。

## 宜蘭河濱公園

走過宜蘭橋回到宜蘭河的南岸，想必已經是下午時分。整天活動下來，可以在宜蘭河濱公園休息跟放鬆，不管是野餐、騎腳踏車、或是散步都很適合。到了傍晚，更是觀賞夕陽西下，光線映照在宜蘭河面，以及西鄉堤防上畫面的絕佳時機。這樣的景色，在很早期就已經被選為「西堤晚眺」，是「蘭陽十八勝」的其中之一。

### 行程資訊

- 時間：全天約七小時。
- 起點：宜蘭設治紀念館。
- 終點：宜蘭河濱公園。

‧午餐地點：宜蘭設治紀念館附近。

## 宜蘭設治紀念館開放時間

‧每週二至週日上午九點至下午五點。
‧週一、每月最後一天及除夕，休館一天。

## 宜蘭設治紀念館票價

‧全票：30元（一般觀眾）。
‧優待票：20元（公教員工、學生持有證件者，或團體30人以上）。
‧半票：15元（學生團體30人以上）。

- 免費（設籍宜蘭縣的縣民；身心障礙人士持證者及陪同者一人；65歲以上老人持有證件者；以及身高115公分以下，六歲以下學齡前兒童；持有宜蘭縣政府核發的貴賓證、榮譽縣民證者，惟以本人為限；持榮譽志工證者，惟以本人為限）。

## 交通資訊

- 從宜蘭車站沿舊城南路步行約十五分鐘即可抵達宜蘭設治紀念館。
- 從宜蘭河濱公園搭乘公車1766即可抵達宜蘭車站。
- 從宜蘭河濱公園沿環河東路、樹人路、新興路步行約十五分鐘即可抵達東門觀光夜市。

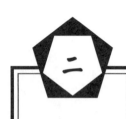

# 二 守護人民：宜蘭河治水工程

從台北經由高速公路約三十分鐘的車程，一通過十二點九公里的雪山隧道，右手邊有以溫泉之地著名的礁溪，左手邊則是以稻田栽種為主的蘭陽平原，來到這裡已經是宜蘭縣境了。宜蘭位處台灣東北部蘭陽平原的中心位置，直到海岸沿線都有山巒逼近，它作為台灣東北部南北交通之要衝發展起來，是以風景勝地知名，屬於比較多雨的地區。宜蘭河的堤防被稱作西鄉堤防（照片-4），該處附近建有「西鄉廳憲德政碑」（照片-5），其上刻有西鄉菊

照片 - 4　防止宜蘭河川氾濫守護市區的西鄉堤防。

照片 - 5　建蓋在宜蘭河堤防上的西鄉廳憲德政碑。

次郎的德政，是明治三十八年（一九〇五年）由地方上有志之士所建置的石碑，西鄉隆盛（譯註：日本明治維新傑出人物）之子菊次郎，即使在台灣的宜蘭，現今仍被尊敬。

台灣日本統治時代初期的明治三十年（一八九七年），菊次郎以宜蘭廳長（縣長）的身分赴任，當時的台灣，開始有土匪的反抗等情事，以致政情不穩，而宜蘭當然也不例外，加上雨季一來，宜蘭河水氾濫，農民為其所苦。

菊次郎認為取得民眾信賴的第一步，即是持續以宜蘭河的治水來說服該區域的居民，若能防止水患守護區域，灌溉流域滋潤田地的話，應可安定混亂的人心，亦能讓生活豐裕。但事實上，在溼地上築堤防是艱難的工程，而且需要耗費巨額的費用，不過菊次郎並未因此退縮，而是以其熱忱打動了總督府。該事業開始動工始於明治三十三年（一九〇〇年）四月，是動用總人數約八萬人的大工程，採取運用繩籠及平衡桿來搬運土石的人海戰術，我想當地人的內心應該被拄著枴杖來監工的菊次郎的身姿打動了吧！因為菊次郎在追隨其父親西鄉隆盛從軍的日本西南戰爭中失去了右腳。治水工程在耗時約一年半後竣工，為了確認該工程是否會因颱風而潰堤，颱風一來即使在半夜中，菊次郎仍親自去勘查，因此至今仍留有這樣的軼事美談。

菊次郎對此河川工程施以洪水對策，還以灌溉來進行新田地的開發及道路的整備等，做為盤整區域之基礎。菊次郎致力了大約五年之後，工程持續進行到大正十五年（一九二六年），在第二期工程時堤防的總長度達到三千七百四十公尺。

菊次郎於文久元年（一八六一年）在奄美大島的龍鄉村（現在的龍鄉町）出生，父親是西鄉隆盛，母親則為愛加那。菊次郎在鹿兒島、東京求學後，到十三歲時，即以北海道開拓使所派遣的留學生的名義，出發前往美國的留學旅程，主要是為了學習英語和農業。當時負責督導菊次郎的是大鳥圭介，大鳥是後來的工部大學校的校長，在日本產業振興現代化上做出極大貢獻的人物。

此外，菊次郎十七歲時，為了日本西南戰爭而從軍，這戰爭是因士族所引起的最大內亂，而指揮薩摩軍的正是敗給征韓論，從政治舞台下放至鹿兒島的魅力型領導者西鄉隆盛。從美國歸來的菊次郎，在父親隆盛為了鹿兒島的不平士族與年輕人們所設立的吉野開墾社裡，努力學習農業，最終他們以私立學校為中心發展為大勢力的薩摩軍，不斷地與政府軍壯烈激戰。

菊次郎也作為前線的戰士，和父親共同與政府軍對峙，不過卻在政府軍擁有的最新武器之前節節敗退，菊次郎在熊本城激烈的攻防中，右腳被彈藥打中，不得不切斷下肢保住一命。

好不容易經過田原坂的激烈鬥爭，進入宮崎的西鄉隆盛宣布解散全軍，命令菊次郎等傷患離開軍隊，而躲藏在鹿兒島山城的薩摩軍遭受到政府軍全力攻擊，最後槍聲終止，父親西鄉隆盛自殺。這宣告了菊次郎與父親共同奮戰的十七歲夏天也壯烈地結束了。

菊次郎曾二度遠赴美國，第一次是在十三歲時，作為北海道開拓使所派遣的留學生，學習英語和農業；第二次則是明治十八年（一八八五年），在美國公使館工作。

於外務省（相當外交部）任職的菊次郎，在那之後的明治二十八年（一八九五年）擔任台灣總督府參事官輔佐，隔年升任台北縣支廳長，明治三十年擔任宜蘭廳長，並於三十五年退任。

二年之後，菊次郎在兒玉源太郎推薦下就任京都市長，一上任馬上致力於田邊朔郎所完成的土木金字塔工程，亦即琵琶湖疏濬供水事業的第二供水建設、以此為水源的自來水道建設，還有鋪設幹線道路使電氣軌道得以行走的三大事業。菊次郎於昭和三年（一九二八年），在鹿兒島結束了其充滿波濤動亂的六十八年生涯。

西鄉菊次郎在宜蘭的建設，比眾所週知的八田與一在台灣南部的水利事業早了三十年。菊次郎雖非土木技術者，卻比誰都還知道該在台灣的宜蘭河進行治水事業。讚揚這些事蹟的紀念碑是由地區居民設置而成，然而知曉他留下這些事蹟的人很少。他和台灣總督兒玉源太郎、民政長官後藤新平一樣，雖也有自己特別的想法，但尊重當地居民的立場，遂而實行了現代化政策。

在宜蘭河堤防附近的宜蘭設治紀念館，菊次郎建蓋的日本房舍是歷代地方長官的官邸（照片1-6）。菊次郎從日本招來一流的木匠和庭院師傅建蓋官邸，完成後時常在官邸以茶招待部屬及地方士紳。宜蘭縣以保存聳立於紀念館中庭樹齡一百年的楠木為契機，修復還原官邸建築物的原貌。另將原本位

照片 - 6　宜蘭設治紀念館（舊宜蘭廳長官官邸）。

在宜蘭舊城的南門地區建築群，舊農學校的校長宿舍及舊宜蘭監獄事務室，賦予新功能，作為新的歷史空間來使用。這可說顯示了「日台連結關係」的珍貴紀念吧！

【行程三】

# 臺灣對外接觸第一線

## 基隆海洋文化之旅

## 行程景點

阿根納造船廠遺構

▼

正濱漁港彩色街屋

▼

基隆正濱舊漁會大樓

▼

武昌街日式宿舍群

▼

頂石閣砲台

▼

司令大院子（要塞司令部）

▼

清法戰爭紀念園區

▼

陽明海洋文化藝術館

▼

廟口夜市

## 路線

曾經的臺灣第一大港，基隆是清末到日治時代，臺灣對外接觸的第一站。沿基隆港東部迎着海風散步，讓古蹟把海港的故事娓娓道來。

### 阿根納造船廠遺構

阿根納造船廠原本是在一九一九年建立的貯炭場，日治時期從深澳開採出來的煤炭都會暫存在這裡，然後從八尺門車站附近的碼頭裝載出口。一九六六年，美國阿根納造船廠租用此設施，改建為造船廠，專門建造帆船與遊艇，至一九八〇年代結業和荒廢。造船廠的遺構成為了破落的廢墟，但同時也增添了許多神祕感，每年吸引許多遊客前來探索。

## 正濱漁港彩色街屋

在日治時代，正濱漁港本來是臺灣第一大漁港，供應着北部都市的龐大海產需求，也是北臺灣最重要的遠洋漁業基地。正濱漁港由和平島山脈阻擋季風，是天然良港，早期西班牙人也在此建立聖薩爾瓦多城。一九三四年，日本政府再次建造漁港，便奠定了基隆漁業的繁榮發展。如今在漁業以外，漁港一旁的彩色街屋，也成為了旅遊打卡的聖地。

## 基隆正濱舊漁會大樓

漁會大樓原本稱作「水產館」，是日治時代開發基隆八尺門漁業區的重要建築。臺灣跟漁業歷史有關的舊建築已經非常少，正濱漁會大樓更是其中少數的漁業行政及交易中心。一九三五年建成，這座大樓為許多漁業相關單位用作辦公室，包括台灣水產會社漁市事務所、請願巡查結所、州水產試驗場等等，是當時基隆漁業最重要的建築之一。

## 武昌街日式宿舍群

水產館建立後，臺灣總督府在一九三六年也建立起了「水產講習所」，專門培訓相關專業人才。武昌街的日式建築群，正是一九三八年講習所新建的第二批宿舍，主要提供給教職員使用。總共四座的日式宿舍，皆為瓦葺木造平房，目前雖然呈荒廢狀態，但依然難掩日式建築美感，也見證過一代又一代水產專業人員的誕生。

## 頂石閣砲台

頂石閣炮台建於十九世紀末，是清領時期基隆最重要的炮台之一。頂石閣炮台佔據重要的戰略位置，跟社寮、二沙灣炮台一起，與對岸的仙洞炮台遙遙相對，共同控制跟保護着進出基隆港的水道。現在參訪頂石閣炮台，還可以清楚看到當年的地下碉堡建築，依稀想像當年超過一百名清朝士兵駐紮於此的情景。

## 司令大院子（要塞司令部）

日本取得臺灣後，很快就意識到基隆的重要性，除了建設港口以外，也要建造一座要塞。這座「司令大院子」本來是基隆要塞司令部，是日治時期北臺灣最重要的軍事指揮中心。近年經修復後，原來的軍事重地已經搖身一變，成為了「司令大院子」，集歷史、藝術、文創、餐飲於一身，是一個綜合文化場所，也是旅程到一半好好休息的地點。

## 清法戰爭紀念園區

一八八四年清法戰爭期間，法國軍隊強攻基隆失敗，造成七百多名法軍士兵陣亡。戰爭結束後，法國在基隆建立戰爭公墓，紀念犧牲的士兵。現有的公墓，則是在一九〇九年由日本政府重修而成。附近的大沙灣石圍遺構、「海門天險」二沙灣炮台，也是當年的參戰炮台，同樣是戰爭的重要見證。至於太平輪罹難旅客紀念碑，則是紀念一九四九年的太平輪船難，以及當時船上九百多位原本要逃到臺灣的中國乘客。

## 陽明海洋文化藝術館

藝術館建築最初是一九一五年建成的日本郵船株式會社基隆出張所，供日本郵船公司經營「內台航線」，即「內地」（日本）與臺灣之間的航線之用。二戰結束後，日本郵船的資產被中華民國政府接收，基隆出張所先後成為招商局和陽明海運的辦公大樓。如今的海洋文化藝術館，以海運、港口為主題，透過文創跟藝術，講述基隆的百年海洋故事。

## 廟口夜市

以仁三路上的奠濟宮為中心，基隆廟口夜市是臺灣最著名的夜市之一，從日治末期就已經逐漸成形。基隆是臺灣最重要的漁港，因此廟口夜市相較臺灣其他夜市，有明顯更多海鮮類攤販，提供各種新鮮而平價的海產料理，足以為這次基隆海港文化之旅作結，也為一整天的行程畫上句點。

## 行程資訊

- 時間：全天約九小時。
- 起點：阿根納造船廠遺構。
- 終點：廟口夜市。
- 午餐地點：司令大院子。

## 司令大院子開放時間

- 每天上午十點至晚上八點。

## 陽明海洋文化藝術館開放時間

- 每週二至週日上午九點至下午五點開放。
- 每週一、除夕、大年初一休息。

## 陽明海洋文化藝術館票價

- 全票：150元（一般大眾）。
- 優待票：100元（基隆市民、學生、20人以上團體）。
- 免費票：（65歲以上；6歲以下；身心障礙及陪同者一人；導遊、領隊、教師）。

## 交通資訊

- 從基隆車站搭乘公車 103 即可抵達阿根納造船廠遺構（中正路正濱路口站下車）。
- 從清法戰爭紀念園區（海門天險站）搭乘公車 101 或 103 即可抵達陽明海洋文化藝術館（基隆市公車總站下車）。
- 從廟口夜市沿忠二路步行十分鐘即可抵達基隆車站。

# 三 連結世界：基隆港口建設

港口，是運送人與物資的最初入口，也是與海外連結網絡的據點。第四任總督兒玉源太郎認為，對四周被海洋包圍的台灣而言，發展港灣整備事業是重點工作；而對台灣縱貫鐵路建設資材的搬運而言，基隆、高雄港口的早日現代化也有必要。而投入基隆港建設的，是以川上浩二郎為首的專家們，由於他們的積極奉獻，終於使基隆港、高雄港發展成國際貿易港的基點（照片1-7）。

照片 - 7　僅次於高雄港，號稱台灣第二大貨物吞吐量的基隆港。

因安政五年（一八五八年）的天津條約而開港的安平、安政二年後因北京條約開港的淡水，之後基隆、高雄陸續開港，但這些港口在滿潮時也都只能讓一千公噸以下的小船入港，退潮時港口有一半是露出來的樣子，因此船隻是無法入港的。停在海灘外海上的蒸汽船，只能利用小船來接駁運送人和貨物，如此狀況，剛好和日本達成明治現代化之前的江戶時代很相似，譬如當時陸路的交通工具不是步行就是乘轎子，而日本的港口也沒有設置海上交通所倚賴的燈塔，被外國船隻稱為黑暗港口。日本現代化開發的過度緩慢，使其積極引入歐美先進國家的技術人員，他們大多被稱為「御雇用外國人」。這些專家們來到日本做先期引導，一口氣就把日本的港口及燈塔、鐵道、上下水道等社會公共硬體設施的基礎，整備起來。同期間，日本的技術與技術者的程度也隨之提高到世界的等級，並選拔第一線最優秀的技術與技術者到台灣，可說是據此推動了台灣的現代化吧！

但是，台灣的地形、氣候及風土，與日本比較雖是相似卻大不相同。台灣島中央南北連結著高聳山脈，水源從山上來的河川流入大海，一降大雨，大量的土石流引發洪水，西海岸的沿岸及港口則被淹沒破壞，在山脈的兩端延伸逼近海岸的東部。由於東海岸北流的黑潮沖刷海岸，以致形成東海岸的斷崖地形。

還有，台灣的面積雖被稱為與日本九州相近，海岸線的長度僅有九州的三分之一左右，而且天然的良港少。作為北部門戶的基隆港與日本有定期航線，但實際情形則是，船隻無法進到水淺的港口內，必須利用被稱為舢舨的木造小型船接駁到陸地，浪高時貨物的搬運不僅困難，貨物因潮濕而破損的情形也很嚴重。

兒玉總督讓擔任民政長官的後藤新平兼任基隆港建港局長，且於明治三十二年（一八九九年），把畢業於東京帝大土木工學科赴任台灣總督府的川上浩二郎，委以基隆港建設第一期的工程。

川上浩二郎，出生於新潟縣古志郡東谷村，於東京帝大土木工學科畢業後，歷任台灣總督府臨時工程部技師、台灣總督府技師、基隆出張所所長，於第二期工程將結束的明治四十五年（一九一二年），以基隆港為題書寫的論文取得了工學博士學位。川上在大學時的學長高橋辰次郎，也是以土木技師進入內務省，之後在總督府工作。高橋從明治四十五年開始，以民政部土木局長輔佐的身分，致力於基隆港、高雄港的港口建設，並就任台灣電力的最高顧問。

基隆的別名是「雨港」，雨多的時候，海上波滔洶湧，為防止波浪湧入，守護港灣的防波堤工程，以及整頓港灣內水深的浚渫工程，一直進行到明治三十五年（一九〇二年）才完成。其間，川上從明治三十四年起花了二年時間造訪了印度和歐美各國。

接下來的第二期工程，從明治三十九年到四十五年，以七年興建，工程包括七百公尺的碼頭建設、去除港灣內部的礁岩、港埠倉庫及內港防波堤、碼頭的起重機等，推動興建六千噸級的船舶可停靠的港口。川上從臨時基隆港建港局技師，到擔任基隆出張所的所長，專心致力於建港工程。再者，基隆港的整備工作橫跨四期，持續進行到昭和十年（一九三五年），從大型造船廠、倉庫到港口的道路等擴張整備。松本虎太在川上底下一起攜手努力於基隆港建設，也以第三期及第四期基隆港建港工程的所長身分，加入大規模擴張港口建設的工作，並留下成果。

在昭和十六年（一九四一年）發生的太平洋戰爭（譯註：始於珠珍港事件）的末期，擔負海軍基地任務的基隆港被轟炸，受到極大的損害。戰後，基隆港務局成立，進行再建、改建、增建，僅次於高雄港而為台灣的第二大國際貿易港，持續起飛躍進。

日本統治時代，在台灣挖掘出來的煤炭利用縱貫鐵路運送到基隆，從基隆港再運送到日本。日本戰敗後，撤退船也是從這裡出航運送日本人回日本。之後，讓人眼睛為之一亮的基隆港的發展，有許多從世界各地駛來的大船。碼頭旁就有基隆火車站，其前方則有客運轉運站，從碼頭岸邊可眺望市區，可看見大大地寫著「KEELUNG」的看板，有著好萊塢的風情（照片-8），也可輕鬆地體驗著有各種豐富魚產的港都基隆夜市路邊攤的獨特風情。

照片 - 8　從基隆碼頭看見的「KEELUNG」的看板。

【行程四】

# 防止霍亂肆虐的建設

臺南山上水道之旅

## 行程景點

花園區

▼

博物館區 - 彌四郎圓環

▼

博物館區 - 快濾池室

▼

博物館區 - 快濾筒室

▼

博物館區 - 送出唧筒室

▼

密林區

▼

淨水池

## 路線

在臺南山上水道博物館花上一天的時間，深入了解原臺南水道的歷史、濱野彌四郎的奮鬥故事，以及臺灣城市自來水的開端。

### 花園區

山上水道博物館進館之後會先進入花園區。園區種滿了各種園藝植物，是非常適合放鬆身心的度假空間。不過，除了整排的玉蘭花樹之外，園區也悄悄地散發着歷史的氣息，特別是在園區正中心的「宮之森圓環」，命名源自一九三三年日本貴族伏見宮博義王參觀過，並以此命名的「宮之森高爾夫球場」。值得留意的是，圓環內的兩棵琉球松，原來也已是日治時代種植，有近百年歷史。

## 博物館區──彌四郎圓環

進入博物館區前，會先經過彌四郎圓環。圓環內有一座銅像，紀念「臺灣自來水之父」濱野彌四郎。除了這位歷史人物本身的經歷值得了解外，這座銅像本身原來也有故事──早在日治時代，這座自來水廠就已經有一座濱野彌四郎的銅像，但在二戰至戰後初期，這座銅像卻離奇消失，可能是戰爭期間被當成銅材使用，也有可能是戰後因政治原因拆毀。如今的銅像，則是千禧年代重新鑄造的。

## 博物館區──快濾池室

在博物館區第一個參觀的自然是A館。這「快濾池室」是戰後因應臺南用水量大幅上升而加建的設施，所以在風格上也明顯與其他日治時代的建築不同。快濾池的功能是透過細沙、石子等物料，對原水進行初步的快速過濾。

這是食水處理過程中非常重要的環節，那些快濾池管線，如今也完整地保留了下來，供遊人參觀。

## 博物館區—快濾筒室

接着前往B館「快濾筒室」，這是日治時期就已建成的設施，所以可以看到屬於那個時代的紅磚牆，還有為了抗震設計的外部扶壁柱。在這快濾筒室裡，食水要在同棟的化學加藥室先加入了化學藥劑消毒以後，才會經過快濾筒室再次過濾。同時，這座建築也兼負了辦公室的功能，是整座濾水設施的「大腦」。

## 博物館區—送出唧筒室

最後是C館「送出唧筒室」，早在一九二二年啟用，從一百年前就已經為臺南服務。在快濾池和快濾筒室過濾完成的清水，在唧筒井（在博物館區的東北角）調節水量之後，就要送往淨水池。然而，淨水池位於地勢較高的地方，因此需要利用這棟建築裡的四組唧筒機，把清水輸送過去。除了主要的唧筒機以外，建築裡同時也有設備維修室、凝氣室、火力發電室及變壓器室等相關設備。

## 密林區

密林區與花園區相對，本來是農業局的苗圃所在，當時農業局在此大量種植密林，才形成如今所見的模樣。這裡的生態環境非常豐富，孕育出不同的植物和禽鳥，也是生態愛好者常到駐足觀賞和拍攝的地方。除此之外，密林區還有數處不同的裝置藝術，表達藝術家對歷史、古蹟、生態，以及臺南水文的詮釋。

## 淨水池

淨水池是清水在離開自來水廠供應給市民之前，所到的最後一處。淨水池主要的功能是貯存已經過濾和處理完成的食水，以便控制和穩定水的供應。淨水池備有兩個水質檢驗室，也有量水器室等設備，隨時監控供水狀況。淨水池地勢較高，遊人須要登上樓梯步道前往。池內如今已經成為蝙蝠棲息地，故不對外開放，但戶外空間及建築還是歡迎民眾參觀。

## 行程資訊

- 時間：大半天約六小時。
- 起點：山上水道博物館。
- 終點：山上水道博物館。

・午餐地點：博物館內有販售咖啡廳輕食及關東煮；園區戶外部分允許野餐。

## 臺南山上水道博物館開放時間

・每日上午九點半到下午五點半，下午四點半以後停止售票、入園。
・週三休園。

## 臺南山上水道博物館票價

・全票：100元（外縣市民眾、外國遊客）。

- 團體票：70元（20人或以上團體）。
- 半票：50元（設籍臺南市之市民；學生、65歲以上本國國民）。
- 免費票（設籍臺南市山上區居民；持志工榮譽卡；6歲以下未上小學本國國民；持身心障礙手冊者及陪同一人）。
- 淨水池區免費入場。

## 交通資訊

- 從善化火車站搭乘公車綠2、綠11即可抵達臺南山上水道博物館。
- 從新化轉運站搭乘公車綠2、綠10、綠11即可抵達臺南山上水道博物館。
- 假日行駛的「山博行公車」也會經過山上水道博物館。

# 四 整治水道：提升公眾衛生的必要

「都市計畫的根本在上下水道的改良」。

這是蘇格蘭人的技術者威廉．京恩蒙特．巴爾頓的信念。長與專齋，曾任內務省衛生局局長，他評論擔任台灣總督府顧問技師的巴爾頓為「英國的工學士，熟捻衛生工程之人」。巴爾頓是不惜辛勞全心全力投入工作的人，與中島銳治並駕齊驅，為日本上下水道的先鋒者，也是台灣上下水道工程的先驅者。

安政三年（一八五六年）蘇格蘭出生的巴爾頓，和福爾摩斯的作者柯南・道爾從小就很熟悉。明治二十年（一八八七年）來日本的巴爾頓，被拔擢擔任帝國大學工科學院土木工學科內，新設衛生工學講座的第一位專任教授，並兼任內務省衛生局的工程師。而明治時期的政府最倚賴巴爾頓的事情，則是撲滅當時死亡超過大約十萬人的流行病霍亂。

霍亂將毀滅國家，面臨危機的明治政府，認為上下水道是撲滅惡疫的不二法門王牌，所以特地從先進地區歐洲招聘專門的水道技術者，他就是巴爾頓。就連在歐洲，下水道導入的契機，也都是因為霍亂的關係。

巴爾頓從都市計畫的根本，意即在上下水道的改良上的觀點來看，上水道（自來水）是不允許也不能在水源污染上妥協的。在下水道（污水）則糞尿不能流入污水管內，只有生活用水才能流入的分流方式。作為水道專用的水庫，其所指導的布引五本松水庫是日本最古老的混凝土水庫，它作為神戶的水源，也頂住了阪神・淡路大地震所帶來的衝擊。

巴爾頓在東京上下水道設計之後，也在日本二十三個地方都市調查了衛生狀況，並規劃、設計與指導。這樣累積下來的功績，巴爾頓在日本九年，終於盼到了與明治政府之間的聘僱契約快將完結，打算返回家鄉蘇格蘭，但成行之前，受到台灣總督府民政長官後藤的請託，協助解決台灣在風土病蔓延方面的衛生問題，巴爾頓因而延後返回英國，前往台灣。「盡自己的天職，將它完成」，這是巴爾頓的精神，也是蘇格蘭人的精神吧！

當時，台北、古都台南也一樣，街道的排水溝幾乎是溢滿污水。因此多數民眾的飲用水只能仰賴雨水或河川，當然所謂瘧疾和瘟疫的傳染病就會蔓延，所以上下水道的整治是不可欠缺的。巴爾頓首先開始在偏僻山野做水源和水質的調查，但在熱帶繁密雨林中連步行也都是極為困難。為了確保河川上游的水源森林，不讓污水擾亂生態系等而努力，可以想像是多麼苦心慘澹的模樣。同行而來的東京帝國大學工科學院畢業的學生濱野彌四郎，也協助老師奔走於淡水、基隆及台北的水道建設。但是，渡海至台灣後的第三年，亦即明治三十二年，巴爾頓罹患傳染病而倒下，雖回到東京治療亦無法挽回生命，因此再也無法歸返故鄉蘇格蘭，四十三歲的生涯就此結束。

## 承繼老師巴爾頓遺志的濱野彌四郎之水道建設

巴爾頓的計畫與實踐，由弟子濱野來繼承。濱野花費了二十三年的時間實現了老師的偉大志業，整備了台灣大大小小一百三十三個地方的上下水道工程，甚至因此使得台北的水道工程比東京還早完成。透過上下水道工程的整治這樣的事情，台灣的衛生環境大幅改善，可說是對於台灣現代化的都市基礎建設貢獻最大。

東京帝國大學工科學院土木工學科畢業的濱野，以助手的身分，隨同擔任台灣總督府顧問技師來台的帝大專任教授巴爾頓前來台灣，這是台灣成為日本領土的隔年，即是明治二十九年（一八九六年）的事情。

濱野在巴爾頓去世之後，仍然依照計畫從淡水、基隆、台北、台中、台南開始，建設主要都市的上下水道。其中特別值得一提的是濱野所規劃、設計、施工的台南水道，是採用當時最新快速過濾法技術的大規模淨水場。

此一台南上下水道工程，與之後濱野的部屬八田與一建設的烏山頭水庫，有所關聯。八田作為衛生工程的承辦人員，在大學學長濱野技師的底下從事工程工作當中，公認了解曾文溪的地形及水利工程，對嘉南平原的水利事業建設有所助益。台南水道完成於大正十一年（一九二二年），提供了十萬人份的水量，多於當時台南七萬多位市民苦於飲用水不足的用水量。剛好那一年，八田與一當上烏山頭出張所所長，不遺餘力推動著嘉南大圳事業，其中包括艱難的烏山隧道工程的動土。濱野以台南水道建設為其最後任務，台南水道建設完工後辭去台灣總督府的工作，返日後致力於神戶市的都市計畫，最後於昭和七年（一九三二年）在東京結束了職業生涯。

現在，在台南的山上水源地的水道博物館區，建有濱野彌四郎的半身銅像，是實業家許文龍先生在二〇〇五年所捐贈的。基座上的銅像原本是由打從心底尊敬濱野的人士奔走所建置，而在台南水道上受到指導的八田與一則提案建置銅像及募集資金。該銅像於第二次世界大戰中行蹤不明，只殘留基座而已，而現在該基座上重修的銅像，正安置在草坪整理得很漂亮的中庭（照

照片 - 9　貢獻於台灣上下水道整備的濱野彌四郎的半身銅像。

片－9）。

台南縣山上鄉的台南水道，因為留存有貴重的取水、導水、淨水、配水等歷史資產設施，因而被指定為國定古蹟，並於二〇一〇年獲得日本土木學會遴選認定為該會的第二個海外土木遺產，其認定基準為：（一）對社會的宣揚、（二）對土木技術者的宣導、（三）對城市建設的運用、（四）對擔憂遺失土木遺產的維護。最早被認定為海外重要建設的，是其前一年被選出的烏山頭水庫。濱野彌四郎和八田與一這樣的前輩、後輩的偉業功績，後來被評為是超越了時空的偉大建築。

台南水道採用了當時最新的快速過濾法之技術，不僅是其設施的特殊過濾功能，其建築物本身亦能讓人玩味無窮，它具有鋼筋水泥及磚瓦的堅固，及富含歷史性的建築群。從建築物本身的造型可以看出下了不少功夫，過濾室所組裝的屋頂構造也是前所未有的構造，英國製的過濾幫浦、電動機這樣的機具也完整地被保存下來。對於台南市與台南縣合併成為直轄市的台南市而言，台南水道和烏山頭水庫這種具有新歷史景觀景點，在台灣備受矚目。

又，巴爾頓在離開東京帝國大學後，出現讓日本的自來水、下水道邁向現代化的第一位人物，是以東京市技師長身份活躍的中島鋭治教授。雖然在日本最早致力於現代水道創設的是英國人技師帕瑪，但中島的活躍勝過帕瑪，被稱為東京的現代水道之父。

衛生工學的專家巴爾頓，除了上下水道外，在高樓建築的設計上亦發揮了其專業技術。巴黎艾菲爾鐵塔建好的隔年明治二十三年（一八九〇年），日本最早的高層大樓倏然地出現在淺草。這紅磚瓦建蓋的「凌雲閣」，通稱淺草十二樓（照片1-10）。當時的《時事日報》也介紹了這個新的高樓有名景點，「設有電力配備的電梯：建築的設計是外國教師英國人巴爾頓氏」，此淺草十二樓建築物在當時設置了日本最早的電梯。

44 八階目からポツキリと折れて死傷者數百名を出した東洋第一の高塔十二階。

照片 - 10　大正十二年（一九二三年）關東大地震倒塌的十二層樓的凌雲閣（土木學會所藏「舊東京名所與關東的大地震」震災照片普及會，一九一一）。

巴爾頓不僅是在水道上，在港灣建設上也有很深入的精通。至於在攝影上雖是素人，卻擁有專家般的技藝，濃尾大地震發生時，飛奔至現場拍攝許多紀錄，後來出版了該紀錄攝影集。日本攝影會的成立，也與他大力推動有關。

巴爾頓在大學教導的學生中，除了土木工學科的濱野彌四郎之外，還有以台灣總督府民政部土木課長大展身手，而成為土木局長的長尾半平、鐵道部長新元鹿之助等人。被後藤新平找來的長尾，是後藤的得力助手，他於總督府土木部長時代，整理整頓土木的技術部門，在人事革新上也有一番作為。

巴爾頓也在造家學科（後來的建築學科）執教鞭，培育了廣為人知的築地本願寺及湯島聖堂的建築設計者伊東忠太等人。聽說喜愛攝影的巴爾頓在官舍的整個牆壁上貼滿照片。

台灣的人民至今仍未遺忘巴爾頓及濱野的恩澤，所謂的上下水道，有的埋管在地面下，是難以用肉眼睛看到的。如果沒有這些水道設施就沒有土木事業，所以我們要感謝致力於土木事業的人們帶給我們的恩澤，同時飲水時存著感念水源之心，也就是所謂的「飲水思源」。此外也要記得，日本和台灣得有如此緊密情誼，乃因日本和台灣擁有一位名叫巴爾頓這樣的共同恩人，為我們架起友好交流的橋樑。

【行程五】

# 臺灣最重要水利工程

## 臺南嘉南大圳之旅

## 行程景點

八田與一紀念園區

▼

烏山頭水庫舊送水口

▼

官田原三筊埤古水道遺構

▼

八田與一銅像

▼

烏山頭水庫水閘門火車頭

▼

大壩石堤

▼

溢洪口

▼

珊瑚橋

路線

在烏山頭水庫風景區親眼見證臺灣最重要的水利建設，以及與大自然完美融合的景觀。除了歷史元素以外，風景區內亦包含親水公園、太陽能觀光船、烤肉及露營場地等，滿足不同旅遊需要。

## 八田與一紀念園區

進入烏山頭水庫風景區，首先可以前往八田與一紀念園區。園區內有四座日治時代的房子，分別是「八田宅」，即八田與一自己和家人的住家；「市川及田中宅」，是當時機械技師市川勝次與田中義一各自的房子；「赤堀宅」本來是機械係長（股長）藏成信一所住，後來由烏山頭出張所所長赤堀信一居住，而赤堀信一的長女也嫁給了八田與一的長子；「阿步宅」是堰堤係長阿部貞壽的住所，也曾經是招待所及戰爭初期之單身宿舍。

### 烏山頭水庫舊送水口

舊送水口和工作站在一九三〇年落成啟用，除了用來調節進入圳道的水量以外，當時也肩負着水力發電的功能。一九四五年戰爭結束，所有在台日人即將被遣返，八田與一的太太八田外代樹為了陪伴亡夫，竟在此跳水殉情。送水工作站之上，如今加建了八田與一紀念室，除了講述悽美的愛情故事，也介紹了八田與一的生平事蹟，和展示相關的文物和照片。

### 官田原三筊埤古水道遺構

回到櫻花巷，可以找到一個古水道遺構。這個水道並不是嘉南大圳的一部分，卻是更古老的建設——清領時期已經在使用的灌溉水道。這是全臺南唯一的清代水道遺構，更顯其珍貴。這圓拱形的水道遺構長度約二十公尺，在一九一七年準備建造嘉南大圳的時候，被現場勘探的八田與一發現，當時甚至仍有灌溉功能。

## 八田與一銅像

臺南民眾為了紀念八田與一的貢獻，在一九三一年鑄造了這一座不甚威武，但親切和藹的銅像。然而，在戰爭期間，為了儲備金屬物料，政府把銅像收進倉庫，而八田與一本人也在戰爭中不幸身故。戰爭之後，民眾成功爭取把銅像重新安放在烏山頭，也把八田與一伉儷的遺體合葬在此處。二〇一七年，中華統一促進黨成員蓄意破壞銅像，因此如今所見的銅像頭部，是由奇美博物館內的複製品接合而成。

## 烏山頭水庫水閘門火車頭

一九二〇年，為了應付水庫工程龐大的運輸需求，政府還特地鋪設了窄軌鐵路，並購置七部比利時火車頭，現場展示者即為其中之一。火車頭的旁邊另有展示大型水閘門結構，是一九三〇年水庫落成時建置，原本在導水路的終點，那裡是水利會的分歧工作站，負責調配整個嘉南平原的用水，而發揮此一功能的，就是這個水閘門。

## 大壩石堤

這是烏山頭水庫的主壩，當時使用世上極少見的半水力填築式工法構築，終於建成東亞最大、世界第三大的同類水庫。烏山頭水庫的大壩，利用曾文溪底石礫、沙土混合物，放在壩的兩側，再以強力水流沖洗，使大石留置，細微土壤流向中央，形成土壩，是世界上僅餘唯一的半水力沖淤式土石壩結構，對臺灣以至全世界來說都是極為珍稀，無可取替的歷史見證。

### 溢洪口

烏山頭水庫採取自然溢洪的方式，也就是說當水位達到五十八點一八公尺時，就會自動從溢洪口排出，經過溢洪道流入官田溪。溢洪道的設計隨時代不斷改進，把坡度拉長，減緩水流往下衝擊的力道，使排洪更安全。另外，溢洪口原本的設計，還可以加裝插板，增加水庫容量。不過，因應最新的安全評估，插板恐怕不能負荷地震的影響，因此已經不再使用。

### 珊瑚橋

珊瑚橋最初在一九三〇年建成，跨越了烏山頭水庫的溢洪道，當年由八田與一的團隊建造，是大崎村和嘉南村之間的交通要道，村民都仰賴這道橋進出。如今的珊瑚吊橋在一九八六年重建而成，又稱「跨虹吊橋」，全長七十九公尺。橋的另一端通往大崎和國立臺南藝術大學，通過橋外的旋轉門即離開烏山頭水庫風景區。

## 行程資訊

- 時間：全天約七小時（不含親水公園、觀光船等行程）。
- 起點：烏山頭水庫風景區。
- 終點：大崎或國立臺南藝術大學。
- 午餐地點：八田與一紀念園區內有一間拉麵店；園區內亦有多處適合野餐或烤肉地點。

## 烏山頭水庫風景區開放時間

- 每日上午八點到下午五點半，全年無休。

## 親水公園營業時間

- 上午八點到下午五點。
- 每週一、二、三進行換水作業，不開放。

## 八田與一紀念園區開放時間

- 上午九點至下午五點，星期三休園（若遇國定假日則順延一天休園）。

## 八田與一紀念室開放時間

・室內展館開放時間：
八田宅：上午九點至下午四點半（遇下雨天不開放）。
動畫館：上午九點至十二點，下午一點至四點半。

・每日上午九點到下午四點。

## 烏山頭水庫風景區票價

・全票：100元（外縣市民眾、外國遊客）。

• 半票：60元（設籍臺南市之市民；學生、65歲以上本國國民；軍警人員）。

• 優待票：40元（台南市官田、六甲、東山、大內等四區居民、四歲或以上且未滿六歲之學童）。

• 免費票（未滿四歲之兒童；身障人士及陪同身障人士者一名；志工服務年資滿三年服務時數滿300小時以上，持有志願服務榮譽卡憑證者）。

## 去程交通資訊

• 從善化轉運站搭乘公車橘4或台灣好行菱波官田線。

• 從新營火車站搭乘公車黃1或台灣好行菱波官田線。

- 從隆田火車站搭乘公車橘10或台灣好行菱波官田線。
- 從新營火車站搭乘公車黃1或台灣好行菱波官田線。

## 回程交通資訊

（從烏山頭水庫、大崎或國立臺南藝術大學回程）

- 搭乘公車橘4即可抵達善化轉運站。
- 搭乘公車橘10即可抵達隆田火車站或麻豆轉運站。
- 搭乘公車黃1即可抵達林鳳營火車站、新營火車站或新營轉運站。

【行程六】

# 翻山越嶺的供水系統

臺中白冷圳之旅

## 行程景點

白冷圳圓堀

▼

白冷圳紀念公園

▼

福龍水橋

▼

白冷圳五號渡槽

▼

福興吊橋

▼

白鹿吊橋

▼

大甲溪發電廠生態園區

▼

白冷圳入水口

▼

白冷大甲溪電力文物館

## 路線

從臺中出發的自駕遊，從新社區開始沿路上山，追尋傳奇水利工程的源頭，揭開白冷圳供水建設的歷史面紗。

### 白冷圳圓堀

白冷圳圓堀是整個白冷圳建設的終點，白冷高地上流下來的水，最終會聚集在這裡，然後透過這二點五公尺深的圓堀，分流到其他支線，供應新社、東勢等其他地區。圓道分水是日治初期比較流行的做法，相較起分叉式分水，圓道分水的方式可以使主流和支流之間的角度更為彈性，分水的效率及準確性也更高。

## 白冷圳紀念公園

紀念公園的所在地，正是白冷圳最著名的倒虹吸管。抽藤坑的這條二號倒虹吸管，是白冷圳三條倒虹吸管之中最大的，並分成兩條，一條是一九三二年建造的，另一條則是近年新建，兩者同樣仍然使用中。公園內還有磯田謙雄的銅像，以及豐富的歷史介紹，供遊人在繼續尋訪白冷圳的旅程之前，先了解更多背景知識。

## 福龍水橋

福龍水橋也就是特一號渡槽，是一座下承式鋼拱橋，承載着白冷圳的導引管，把水往山下輸送。這座鋼橋通紅的色調非常引人注目，遊人在橋上行走，亦可以觀賞到大甲溪支流的景色。福龍水橋的位置相對稍為深入，在公路下車之後，必須徒步走一段小路才能抵達。

## 白冷圳五號渡槽

建於一九二八年的五號渡槽和特一號渡槽一樣，也是一座供導引管使用的橋樑。這座橋樑跨越了玉山景觀公路，因此駕車經過時會在橋下穿越。原本的五號渡槽是用混凝土建成，不過在將近一百年後，原本的混凝土已經對下面的馬路構成危險，政府遂在二〇〇一年把混凝土結構卸下，放在馬路旁永久保存，並另建鋼橋替代之。

## 福興吊橋

從五號渡槽往回走，可以看到福興吊橋。福興吊橋始建於清代，百年以來都是橫越大甲溪的重要通道，歷經藤橋、鐵線橋、鋼索橋三階段。原有的橋在一九五九年被洪水沖毀，並在一九七三年重建。然而，吊橋明顯已經無法負荷日漸增加的交通運量，因此旁邊又另建了一座天福大橋取代之。如今所見的吊橋在二〇一三年整修完成，重新啟用。

## 白鹿吊橋

白鹿吊橋被譽為「臺中最美吊橋」，白、藍、紅的配色，搭上好天氣，便是怎麼拍都會好看的畫面。總長250公尺，走完全程約十分鐘，在橋上除了大甲溪的滾滾長流以外，更可以遠眺馬鞍壩。吊橋旁邊另有一個泰雅族的穀倉供人參觀，也有許多關於原住民族「白鹿傳說」的介紹。

## 大甲溪發電廠生態園區

生態園區最重要的景點，莫過於馬鞍壩，也就是大甲溪上三座主要壩堰中最下游的一座。馬鞍壩的最主要功能是匯聚大甲溪的水，並引導至馬鞍發電廠發電。除了壯麗的馬鞍壩以外，生態園區同時也有不同的展覽與設施，包括允許河中魚類通過的生態魚道（可進入參觀）、綠能發電展示等。參觀大甲溪發電廠生態園區須在三天前預約。

## 白冷圳入水口

越過馬鞍壩到大甲溪的另一邊，可沿小徑往上游方向走，會遇到一個沉沙池，為從大甲溪抽進白冷圳系統的水作基本過濾。繼續前行，最終可以抵達白冷圳入水口的頂部。這入水口是白冷圳的起點，從這裏開始大甲溪水便源源不絕地向新社等社區供應。值得注意的是，入水口刻意設在河邊岩盤上，也能避免淤塞，延長建築物的壽命，以至百年後的現在還能正常運作。

## 白冷大甲溪電力文物館

穿越白冷吊橋，最終可以抵達大甲溪天輪發電廠。參觀發電廠同樣需要事先預約，不過旁邊的電力文物館則可以直接進入。早在日治末期的一九四二年，政府就已經計劃建立「天冷發電所」，但工程要在戰後才能在美國援助下，於一九五二年完成。至於這座文物館，前身則是發電廠的舊保警宿舍，在二〇一八年正式開幕。

## 行程資訊

- 時間：全天約九小時。
- 起點：臺中新社區白冷圳圓堀。
- 終點：大甲溪發電廠天輪分廠。
- 午餐地點：沿途村鎮皆有小吃店，天輪發電廠合作社的肉包與冰棒同樣馳名。

## 大甲溪發電廠生態園區開放時間

- 平日每天上午九點半至十一點半，下午二點至六點開放。
- 週末不開放。
- 必須在三天前撥打 (04) 2594-1574 轉 6094 預約。

## 白冷大甲溪電力文物館開放時間

- 週二至週四、週六及週日早上九點半至十二點、下午一點至三點半開放。
- 週一、五休館。

## 交通資訊

- 本路線難以透過公共交通工具前往，建議開車自駕遊。

# 五

# 引水開墾：嘉南大圳事業

令和二年（二〇二〇年）十二月，為了紀念由八田技師興建的嘉南大圳工程一百週年，發行了《水明～故八田與一追思錄》，這是根據八田與一的妻子外代樹女士於昭和十八年（一九四三年）發行的限定版所製作成的復刻版，當中包括了八田與一遺筆的最後書信，以日文及中文雙語並列的方式記載。不僅尊崇八田技師的日本人，在台灣，八田技師的豐功偉業亦傳給了後代的子子孫孫。

八田出生於石川縣河北郡花園村（現在的金澤市金町），進入第四高等學校，從西田幾多郎（教師之一）學習到哲學及真言教義。八田在原本盛行真宗的加賀地方成長，被認為是受到親鸞聖人這位哲學家的教誨所影響，藉著實現彼此共存共榮的精神，對於豐富心靈生活的社會有所貢獻，並對所有的人，平等地伸出援助之手。此信念融入於八田後來所進行的土木事業。

還有，八田一進入到東京帝國大學工科學院土木科，受到廣井勇教授諸多的薰陶，而同樣受到廣井教授薰陶的青山士則是大他八年級的學長。

於明治二十八年（一八九五年）日本統治台灣後，在台灣的日本政府及台灣總督府的基本政策，是致力於台灣的農業發展，以滿足日本本土的糧食需求。而另一方面，也提供日本本土的工業製品給台灣，開始著手當時台灣的主要農作物稻米、砂糖的生產，並積極獎勵農作。

明治四十三年（一九一〇年），八田大學畢業後渡海至台灣，以台灣總督府內務局土木課技手（譯註：屬於技師底下的技術人員）的身分工作。初期，從事衛生事業，擔任各都市的上下水道的整備工作；赴任後第四年升任技師，經歷各式各樣工程，同時開始調查了全島。大正七年（一九一八年），足跡橫跨台灣南部的嘉義及台南，調查廣大的荒地、嘉南平原，觀察到苦惱於受洪水、乾旱、鹽害三重困苦的六十萬農民。嘉南平原的水田被稱為「看天田」，有看天行運，看天吃飯的田的意味。依八田的計畫，在官田溪上游的烏山頭興建水庫、從發源於阿里山源頭的曾文溪開挖三點二公里長的取水用隧道，引水至烏山頭水庫，同時計劃在嘉南平原鋪設總長一萬六千公里的灌溉用供水道及排水道。此大膽且特別的計畫，剛開始時聽說好像被總督府揶揄為「八田的膨風計畫」。

八田興建的工程，包括為了蓄水在烏山頭水庫的隧道工程，以及同時進行濁水溪的導水工程，其次是有關烏山頭水庫的主體工程，最後是為了均勻導水至水田而進行的供水和排水路的工程，分為四階段工程進行建設。烏山頭堰堤的主要工程一開始時，八田即採取當時最新的以下三方法。

## 【半液壓填充工法（濕式土堰堤工法）之採用】

台灣地震頻繁，八田判斷了當時最佳的工法：混凝土的土台只用於中央部位，將大量的砂土堆放至其上面，再利用水的力量，讓黏土、細土及細砂沉澱到下面，以築起土的堰堤（照片-11）。

在堰堤的設計上，他沒有把厚度一公尺的中央混凝土壁高度設計到最上端，而是把它控制在土堆高高堆起地點的三分之一處，這在日後得到了印證。

照片 - 11　烏山頭水庫的半液壓填充工法（摘自「土木之繪本」第5卷）。

台灣總督府聘請來的賈斯汀先生曾主張設計到最上端，但根據在八田的故鄉金澤廣為人知的已故土質研究者中川耕二先生所說，八田技師為了確保堰堤的安全，在土堤內讓浸潤過的水順利地以排水暗渠引出為第一考量，也考慮到地震時的應對等問題，所以故意降低高度。過濾型水庫的建造，是在堰堤材料上利用土石再用水壓來固定材料，此時顆粒較細的材料會沉澱至堰堤的內側，較粗的材料則沉澱至外側，而且大量的水則利用堰堤內安裝好的輸送水管排出到堤外，這是所謂劃時代的工法。

## 大型土木機械之開創性使用

為了工程的快速進行，採用當時幾乎沒被使用過的蒸氣動力挖土機、空壓傾卸車、挖掘機、大幫浦等大型土木機械，總計四十七種。八田去美國調查工程時，自己購買機器設備，當時的購入費用四〇〇萬日圓，佔堰堤工程及烏山頭隧道工程費的百分之二十五，即整體工程費用的四分之一。八田的想法是，用如此價格昂貴的機器設備若能縮短工期的話，從結果來看，這應該可以說是便宜划算的採購才是。這些大型土木機械在之後的台灣開發上，發揮了非常大的威力。

## 在烏山頭造村

從八田所謂的「良好的工作是由能夠安心工作的環境孕育而出」的想法，砍伐了工地現場的原生林，興建高達六十八棟的宿舍，宿舍周遭甚至也設置了從業員工子弟們可就讀的學校、消費合作社、醫院、網球場、游泳池、弓道場等。他們本身也在十年的工程進行期間，和家人一同在這個村莊生活，創造的村莊不是只為了工程的工作人員本身，而是連帶其家屬也能住在一起的村莊。

現在，位在烏山頭水庫北側的八田與一紀念園區裡，重現了當時八田的木造平房，包含四棟日式的居住房舍，以及網球場，公園前的道路則以開闢園區為契機，將其命名為「八田路」。

## 土木技術者的初衷

嘉南大圳事業在當時是東洋第一大的灌溉土木工程，於大正九年（一九二〇年）動土開工，花了十年時間，在昭和五年竣工。

烏山頭水庫堰堤長一千二百七十三公尺，高五十六公尺，供水量一億五千萬公噸，灌溉面積十五萬町步（譯註：日本計算田地和山林面積的單位，一町=9,917$m^2$），水源為濁水溪系統五萬二千町步，烏山頭系統九萬八千町步。

此數字顯現出八田與一的業績，其工程概要為，歷經十年的歲月，對苦於十五萬公頃荒地的六十萬農民，要將濁水溪及曾文溪蓄存於烏山頭水庫的水，從一萬六千公里（約地球半週的長度）的供水、排水路來引水，同時全部供水給十五萬公頃的土地。這樣的事在過去並不可能，所以運用所謂三年輪作供水法的灌溉方式來分配水資源。

名為八田與一的土木技術者，之所以即使到現在，也仍然受到台灣本地居民的尊敬，其中主要原因之一被認為是，不僅在土木設施的建設上與民眾的幸福有關聯，並且也完備了之後的路線。八田認為硬體（土木設施及構造物）完成之後，必須建立對人民有所助益的軟體設施。因而，導入所謂三年輪作供水法的灌溉作法，指示水利會指導農民。此一作法為，將十五萬公頃的土地區劃為各五萬公頃，無論那一個區域均按照順序，能夠平等地受惠於水灌溉的合理化作法，到現在也是持續著三年或二年的輪作。根據如此的作法，地區人民的生活水準、生活型態慢慢地有所變化。至此為止，從需要到遠處汲水的生活，轉變為由收穫產生餘裕的生活，家人笑顏常開，家庭及周遭環境也變得井然有序，孩子們的教育環境也改善完備了，並擴大到爾後的子子孫孫，在這裡可看見土木技術者的初衷。

之後，八田受嘉南地區的農民尊稱為「嘉南大圳之父」，「圳」是土字邊加上一個川字，在中文裡是農用水路之意，「大圳」意為長的水路（照片-12）。

平成二十一年（二〇〇九年），日本土木學會遴選認定烏山頭水庫為海外第一個「土木遺產」，頒贈儀式在台灣的台南市舉行。當時的土木學會理事吉越洋先生頒贈認定證書及獎牌，給管理水庫的嘉南農田水利會會長徐金錫。之所以最早成為海外遴選受獎的理由，是「由八田與一先生設計及施工

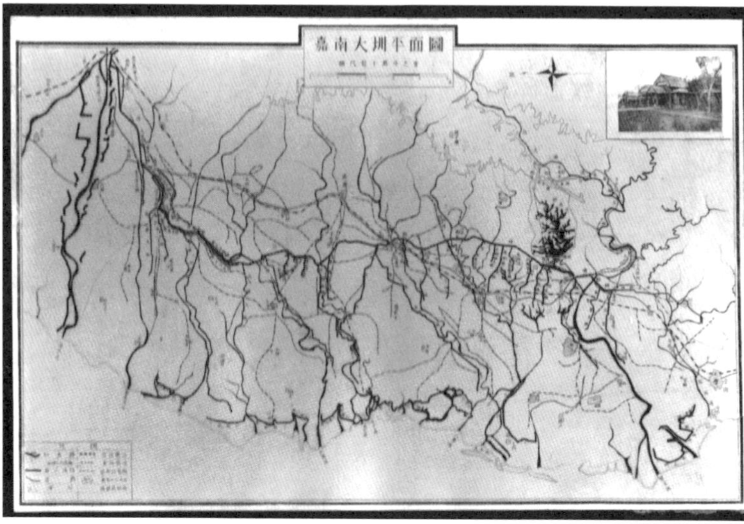


照片 - 12　嘉南大圳平面圖。

監造的當時亞洲最大的水庫，其灌溉對嘉南平原轉變為一個大穀倉地帶的風貌有所貢獻之故。」

此認定的同時期，台南縣有了將烏山頭水庫的周邊指定為「文化景觀」的呼應行動，所謂的文化景觀是根據台灣的「文化資產保存法」，台灣中央政府或縣市政府能夠指定具有文化價值的景觀。而台南縣政府因而判斷其「做為優良的灌溉設備，即使現今仍被利用著，且支撐著人們的生活」，其指定範圍為，烏山頭水庫及其關連設施、殉職者的紀念碑、八田技師紀念室及墳墓、供水幹線及支線、排水設備。台灣政府的文化建設委員會（目前為文化部）也把以烏山頭水庫為中心的水利系統登錄為「世界遺產申請的潛在景點」之一。

烏山頭水庫完成後的管理維護，與和八田同鄉的技術者有關，這從後來的調查可以明白此點。他就是致力於水庫管理及灌溉整備的技術者宮地末彥，宮地技師於明治三十九年（一九〇六年）出生在金澤，歷經金澤一中、舊制四校、東京帝國大學農學部，然後至台灣總督府赴任，是確立了嘉南大圳事業農田輪作灌溉制度的農業土木專家。

結束台灣水利事業的八田，出發去菲律賓從事水利開發指導，同船搭乘大洋丸號的三位部屬之一即為宮地技師。該大洋丸號被美國海軍潛艦的魚雷擊沉，八田成為不歸之人，而宮地技師奇蹟地獲救，並將其親身體驗記載在宮地技師的手札上。該「遭難之記」，根據中川先生及農業土木學會堂源一先生的調查，宮地技師在八田的指導下，於烏山頭地區從事田地輪作計畫之確立及實施。他是大洋丸號擊沉後被救起的大約三百人當中，生還回到佐世保（地名）的一人。宮地技師於日本戰敗後回到日本，成為北海道開發局網走（地名）開發建設部的第一任部長。

清晨薄霧前的曉明，滋潤台灣嘉南平原的烏山頭水庫，藍色的湖面上漂浮著大大小小的島嶼，由其宛如珊瑚展枝的湖岸輪廓來看，也被稱為「珊瑚潭」，這個台灣最大的人造湖之所以不被認為是灌溉用的水庫，應該是它已化為柔和景緻的土堰堤之故吧！烏山頭水庫已被視為國家公園加以整備，八田的銅像及墳墓則位在水庫湖畔（照片-13）。

## 八田技師的後輩磯田謙雄設計了台中新社的「白冷圳」

磯田謙雄，與八田與一技師同樣出生於金澤（現在的尾山町），小七歲，從舊制金澤一中、舊制四高、東京帝國大學工科學院土木工學科到台灣總督府，簡直是和八田與一步上同樣的道路，他設計了現在仍在台灣中部台中市新社區的台地上輸送著水源的「白冷圳」，它是全長十六點六公里的農用供水道。

照片 - 13　位在烏山頭水庫湖畔的八田技師銅像及八田夫婦之墓。（鄧淑瑩攝影）

平成十一年（一九九九年）台灣中部發生的九二一大地震是個契機，讓受惠於「白冷圳」的當地居民，得以再次重新審視磯田技師的功績。地震造成地形改變，運用逆虹吸原理運作的送水路變得無法使用。從那時候開始，居住在新社台地的居民，對於一直以來理所當然使用的水，初次實際感受到有水的難得，因而心存感恩的心，回想起磯田謙雄這位日本技術者的功績。

位處台灣中部的新社台地（面積九六〇公頃），由於氣候溫和，高地涼爽且病蟲害少的關係，適合甘蔗的栽種。但此地的水過去是只能仰賴雨水的狀態，為了在這高地上栽種農作物所需要的水，只能從流過比新社台地還低約九十公尺的大甲溪汲取，沒有其他更好的方法。

大正七年（一九一八年），曾對赴任台灣總督府的磯田說「因為現在剛好妻子回去日本，只有我一個人在……」，且讓離開日本住家的磯田住下來的，正是磯田的學長八田與一，此事被記載在磯田的回憶錄（「台灣的水利」

第二十卷、昭和十七年）。雖然八田自己也為所罹患的瘧疾所苦惱，但聽說八田在磯田罹患斑疹傷寒時，曾不分公或私，不眠不休地照顧他的病情。磯田所見到的八田引水之前的嘉南平原，是所謂的鹼性土壤，在炎熱天會吹起白色粉末，所見之處盡是一望無際的荒涼地。把該土地變成肥沃大地的，主要是受惠於嘉南大圳事業的水資源。因此，磯田也加入了該土地的測量調查，在炎夏中，八十餘名的日本技術人員從早上六點開始直至晚上十一點，挑燈夜戰辛勤地調查。據說八田技師半夜兩點才就寢，卻在清晨五點半即起床，經過八個月的努力奮鬥，貫徹了測量工作，並毅然地進入了烏山頭大工程。磯田因而能近身學習到前輩如此不屈不撓的精神。

這位磯田，制定了汲取新社大甲溪豐沛的水來灌溉豐原區八一四公頃的計畫，從取水口的白冷到新社台地之間鋪設送水的供水道。為此，在途中的山谷必須要開設數個隧道、水路橋、暗渠及明渠，其主要的技術，是利用白冷台地與新社台地之間的高低差，把水往上提升的逆虹吸方式。

所謂的白冷圳，其導水路全長十六點六公里，流經二十二處隧道，十四個水路橋，是在空中連結溪谷水路（水管）的總稱，使用三條直徑一點二公尺的水管，跨越大溪谷的逆虹吸技術，考量地形的變化，利用自然的斜坡高度讓水流出，這亟需精密的測量技術。

該技術，在那大約三〇〇年前，也曾出現在金澤的歷史當中。那是江戶的技術者板屋兵四郎設計的逆虹吸方式，運用在犀川的取水地點到金澤城內全長六四〇公尺的水道，以及約三點三公里的隧道上，使用了大約二千支的木管來導水的辰巳供水道。這個水源，現在也被配送到兼六園及金澤市區。金澤歷史性的技術，可說是穿越了時空和海峽，被運用在台灣了吧！

當時從日本用船運到台灣的鋼鐵水管，在台灣中部大地震時損壞了，新設置的水藍色水管，和由磯田技師設計塗成綠色的的逆虹吸式水管，二者並列在新社台地上，象徵著台灣與日本之間的連結。當時遺留的構造被保存，在當地被暱稱為「倒虹吸管」，其二號逆虹吸的地點，被選為台灣歷史建築百景之一。

磯田於完成白冷圳十年之後，得知八田讓人悲傷難過的訃聞，直驅受過照顧的八田家裡。

八田技師的墓前追思會，於每年的五月八日逝世紀念日在台南市舉辦，而台中市則於每年的十月十四日由當地居民舉辦通水紀念典禮，並在平成二十四年（二〇一二年）舉辦了供水道通水八十週年紀念典禮。此外，磯田技師的住宅現在還留存在金澤市寺町。剛好那時，金澤市有舉辦「學習八田與一之旅」的活動，陸陸續續約有三百二十人參加。

致力於白冷圳事業的磯田技師，到美國、歐洲各國考察之後，接任台灣總督府農商局耕地課課長，從事流經台灣東南部的卑南大圳之修復工程。於昭和二十二年（一九四七年）日本政府撤退後，服務於金澤農地事務所及建設公司。

白冷圳的公園入口處，以巨大水管為背景的地方，有磯田技師的雕像和刻有功勞事蹟的說明牌，設置這個的是台中市政府和台中農田水利會，以中文和日文的說明牌向觀光客和參觀者解說。

台中新社地區，以氣候涼爽的台地作為香菇的產地聞名，豐原地區的種苗改良繁殖場裡展示著白冷圳的陳列模型。

【行程七】

# 領先百年的地下水庫

## 屏東二峰圳之旅

## 行程景點

林後四林平地森林園區

▼

來義古樓部落

▼

卜姜呢山出水口

▼

喜樂發發吾部落

▼

神鷹瀑布

▼

丹林情人橋

## 路線

屏東是自然景觀迷人的區域，從林後四林平地森林園區認識本土植物，至二峰圳附近的古樓部落，以及共榮共生的喜樂發發吾部落，了解傳統之餘，也認識日本與原住民攜手建設的水利基建。

### 林後四林平地森林園區

臺灣政府評選的三大平地森林園區之一，林後四林平地森林園區位處屏東縣潮州鎮，主打森林遊憩風格，加上節能減碳的低密度設計，園內大量造林區域、生態池。園區除了風光明媚，還是一個可供環境教育、尊重資源的生態體系，到處可見的鳳梨田園、臺灣欒樹、苦楝、大葉桃花心木、光臘樹等，鳥鳴飛揚，綠意圍繞，讓來者可以感受自然之美。若到訪者人數達二十人，可提前十四日至臺灣山林悠遊網登記申請園區導覽。

## 來義古樓部落

來義古樓部落，日治時代居住在海拔一千公尺的高山斜坡，當時為全台灣最大的原住民部落，到了古樓村的平地居住後，仍保有濃厚的排灣傳統文化，維持五年一祭，名為 Maljeveq 的儀式。當其他部落正在流失傳統，古樓的五年祭卻一次比一次盛大。最早為三年一祭，是排灣族先祖里莫基與創世女神德蘭歌約定每三年相會一次，即「人神盟約祭」，在每一次祭祀前十天都由巫師占卜時辰，藉著燃燒小米梗的煙為橋樑，引祖神降臨與族人相會。目前僅屏東縣來義鄉古樓村和台東縣達仁鄉土坂村仍保有這項祭儀。

## 卜姜呢山出水口

卜姜呢山出水口是二峰圳引水隧道的第二個出水口，利用地形的高低差設置了落水工，減緩水流的速度，阻止河床被過度沖刷，讓圳道不致偏移，是重要的設置。「卜姜呢山」是排灣族語「pu tjenesan」的華語音譯，意思是「橘子很多的地方」。原來卜姜呢山一帶過去是常產橘子之地，當地族人因而為名。

## 喜樂發發吾部落

因二峰圳而形成的原住民「喜樂發發吾」部落，其名源自排灣族語，指此地陡坡向上，族人必須先在此備好體力。社區承載著豐富的排灣族文化和歷史價值，訴說族人從南大武山遷村，翻山越嶺來到二峰圳，建立新部落的經歷。日本水利技師鳥居信平在此，與當地原住民合作，亦留下「二峰圳情歌」等浪漫故事。部落與二峰圳共存共榮，這種特殊人文生態地景，一直吸引遊客參訪，因此部落持續發展深度遊程，可經網路預約「走讀二峰圳」導覽，認識這段獨一無二的歷史。

## 神鷹瀑布

屏東來義鄉著名天然景點，神鷹瀑布群，又名丹林瀑布。從下車到瀑布的山路，輕鬆易達，是備受推薦適合親子共遊的旅程。瀑布原本由下而上共有五層可供遊憩，唯八八風災侵襲致第三至五層的瀑布步道坍毀，現僅有第一、二層的瀑布通行。此處瀑布有豐水期和枯水期之分，豐水期時飛流直下三千尺，十分壯觀，但只宜遠觀。每年十月至翌年四月的枯水期，則近乎沒有水流，是烤肉、露營好地點。

## 丹林情人橋

在神鷹瀑布群附近有十座吊橋，其中一座最為知名，有著「屏東最美吊橋」之美名，全長三百零五公尺，橋面由一千三百零八片木條組成，是全臺第二長的吊橋。此橋為早期來義與丹林間的重要通道，目前已被現代公路取代，唯因外觀吸引，不少人駐足流連，許多新人更選作拍攝婚紗的地方。因此，這座吊橋被人稱作「情人橋」。

### 行程資訊

- 時間：全天約九小時。
- 起點：林後四林平地森林園區。
- 終點：丹林情人橋。

・午餐地點：喜樂發發吾部落。

## 林後四林平地森林園區開放時間

・每天上午八點至下午五點開放。

## 交通資訊

・高鐵（新）左營站，建議搭搭計程車；台鐵：屏東火車站，建議搭計程車以前往林後四林平地森林園區。

・建議搭計程車前往古樓部落。

- 從農場站坐 8209 公車，可至喜樂發發吾部落（古樓站下車）。
- 在來義高中站坐 8209 公車可至潮州車站（潮州轉運站下車），坐火車至屏東車站，步行即可抵達屏東夜市。

# 六

# 開拓底層：屏東縣建造地下水庫

日本的農業土木、農業工學的創始者上野英三郎，是日本廣為人知的忠犬八公的飼主。上野教過的學生，全國多達三千人以上，在台灣南部的屏東縣建造地下水庫的鳥居信平（一八八三～一九四〇年），也是其學生當中代表性的人物之一。

八田與一技師建設烏山頭水庫的時代，同時還有一位日本技師鳥居信平在台灣南部的屏東縣建設了地下水庫「二峰圳」，即使到現在仍然支撐著該地區二十萬居民的生活。這個考量自然環境的地下水庫發想，在地球暖化嚴重的今日，其所呈現的跨時代意義，令人矚目。考量自然環境所建設的「二峰圳」，正是八田技師的前輩鳥居信平的豐功偉業。

明治三十四年（一九〇一年），應台灣總督府民政長官後藤新平的請託，新渡戶稻造辭去札幌農業學校的工作，被任命為台灣總督府的技師。新渡戶稻造後來擔任殖產局長（譯註：殖產局負責調查及開發台灣的各項物產），提出「糖業改良意見書」，根據此計畫推動台灣製糖業的發展。惟，在此之前已經存在的台灣製糖事業，所苦惱的難題是如何將水源引到荒涼的大地，當時並沒有解決此問題的專家。

東京帝大農科學院上野英三郎教授所栽培的一流專門技術人員鳥居信平，對於台灣製糖所提出的工作事項，即是引水至屏東平原的荒地上，以期對甘蔗的生產有所幫助。但是，那些土地是缺乏保水力的大地，乾旱時期一到，河水乾涸，眼前所見盡是滿布石頭的荒漠；而雨季來臨時則遭洪水氾濫蹂躪成一片，並從山頭滾落下來無數的石頭（照片-14）。

鳥居信平為了探尋水源，因而不得不進到深山裡調查。在由原住民擔任引導工作的二年調查期間，發現伏流水甚至還在海拔十五公尺的地方流著，想必他當時一定是喜出望外吧！也因此訂定了以流過該地區的清澈伏流水作為水源的地下水庫的計畫。在河川水流乾涸的乾季，挖掘河床建造堰堤，把堰堤擋起來的伏流水，利用三千四百三十六公尺長的水道幹線來引水的計畫。

當時，那附近是原住民支配的區域，也是毒蛇和瘧疾猖獗的地帶。鳥居信平服了瘧疾的特效藥奎寧，進入到深山裡，並以冰糖補充糖分，與原住民的頭目飲酒交心深化交流，重視與原住民的共存共榮。他致力於水利開發，歷經八年的時間，就這樣完成了地下水庫，即使至今也能提供生命之水，雨

照片 - 14　二峰圳，乾季的林邊溪。

季時一天可提供十二萬立方米，乾季則約三萬立方米，因此才有今日屏東被稱為農業縣的稱號。

鳥居信平於明治十六年（一八八三年），出生於靜岡縣上山梨村（現在的袋井市），與八田與一同樣進入金澤的舊制四高。鳥居信平畢業那年，小他三歲的八田剛入學而已，這個從留在金澤故鄉偉人館的四高畢業名冊上可以清楚判別。之後，二人均進入東京帝大。鳥居信平從東京帝大農科學院一畢業，即在農業商務省農政局耕地整理課上班，後來赴德島縣擔任技師。德島縣有許多上野英三郎的門生，之所以如此，應該是該縣在日本四國當中，其灌溉整備事業起步較晚之故。大正三年（一九一四年），鳥居信平有了一個大轉變，即由上野推薦，被採用擔任台灣製糖株式會社農事部水利課長，從事以甘蔗為主要生產事業的工作。而同樣也是渡海來台灣的八田與一，在這一年成為台灣總督府的土木技師。

渡海來台，專攻土木工學的八田與一，在嘉南平原設置烏山頭水庫，而專攻農業土木的鳥居信平，則在屏東平原建設地下水庫。

鳥居信平對於自然環境所著眼的考量是，不損害原本居住在那地方的高砂族原住民的生活，這是展現對篤信聖地信仰原住民的誠意。流過河床底下的伏流水區域，過去是居民的狩獵場和捕魚場。鳥居信平繞著村落到處走，多次製造和頭目們說話聊天的機會，並尊重以狩獵和捕魚為生的先祖們所流傳下來的生活習慣，因此年輕的原住民們也開始投入地下水庫的工程工作。歷經大約二年期間，在大正十二年（一九二三年）興建完成地下水庫「二峰圳」。

鳥居不僅在台灣製糖株式會社的萬隆農場，也在周邊的農地進行開墾及灌溉。他特別留意新農場對於地下水的排水問題，並控制土壤的水份，以提高甘蔗的甜度。

此外，鳥居在水庫完成後，對於移住到新農地的農民，為了不造成不公平的待遇，還導入二年至三年的輪作供水方法。鳥居一直待到在台灣製糖株式會社退休，其任職的二十五年期間，開墾了三萬公頃以上的農地，使乾季種植的甘蔗，雨季種植的稻米和芋頭等農作物的收成大幅增加。八田與一之後大規模地展開嘉南平原的灌溉事業，我們可以推測，這是他探究了鳥居信平所採取的輪作方法之後才有的行動。

## 眼睛無法直接看透的土木建設價值

完成後一百年，經歷時間的變化，仍可從河川，當中來窺探地下水庫的一端（照片1-15）。

照片 - 15　位於屏東縣來義鄉的二峰圳，地下水庫的入口。

但是現在，已經無法看出「二峰圳」的全貌了，因為它是在河川底下流著的伏流水以堰堤圍堵蓄積起來，使之成為提供清澈流水給農業及生活用水的地下水庫之故。正因為如此，無損自然環境及景觀，而且它的功能是將多餘的水自動地排出，滿水時則能關閉水門來調節，擁有極為優良的管理制度。鳥居信平建設地下水庫「二峰圳」硬體設施的同時，一併追求利用少量的水，盡可能地來增加收穫量的經營效益，以期提高居民的生活水平。如果對照現今的 SDGs（永續發展目標）來看的話，他能持續地將農業開發置入實施目標之中，其前瞻性實在令人驚嘆。

鳥居信平在任職中的二十五年，大約建設了六十多處的水利設施，改良了農業用地。

為了讓世人知曉此等眼睛所無法直接看透的土木建設的價值，以及彰顯建設該等設施的技術者的功績，平成二十一年（二〇〇九年），台灣的實業家許文龍先生，捐贈鳥居信平的半身銅像給其出生地的靜岡縣袋井市，放置在「月見之里學遊館」的玄關處。在台南成長且受惠於八田與一的許先生，還對於日本統治時代致力於台灣硬體公共設施的其他日本人，在與彼等關係深厚之地，安置半身銅像，包括八田與一、後藤新平、濱野彌四郎、新渡戶稻造、松本幹一郎等人。

【行程八】

# 促成臺灣工業化之地

## 日月潭發電廠之旅

## 行程景點

大觀古隧道

▼

大觀發電廠

▼

水社碼頭

▼

澀水森林步道

▼

活盆地會跳舞的泥土

## 路線

由大觀古隧道出發，至大觀發電廠，觀看日治時期建築基建的歷史魅力。同時，環繞日月潭景點，感受自然美景，讓人文與生態共融於一地，領略土地的感情。

### 大觀古隧道

一九一九年建造，大觀古隧道位於臺灣南投縣水里鄉，是為了興建大觀發電廠所拓建的鐵道，以便運輸建築物資，後來在一九三四年轉變成為公路，目前已經不再具備任何交通功能。這座廢棄的古老隧道，除了見證歷史，其以火燒磚塊及石塊建造長度兩百公尺的 S 型隧道，有如日本的神秘古蹟，一直以來吸引不少旅客尋幽探秘。唯隧道廢棄已久，內部較為潮濕，欠缺照明系統，因此旅客必須自行攜帶手電筒。

## 大觀發電廠

臺灣電力股份有限公司大觀發電廠，簡稱大觀電廠，位於日月潭西側的水里溪溪谷，興建於臺灣日治時期。大觀電廠分別有「「大觀一廠」及「大觀二廠」，皆以水力發電。其中，大觀一廠有「日月潭第一發電所」的美名，最初啟用時，其總裝置容量排名全球第二，不止是日治時期臺灣最大的發電廠，也成為亞洲最大的發電廠。而大觀二廠則是臺灣首座抽蓄式水力發電廠。發電廠的水庫設有觀景台，可以看見「水落橋出」及「三潭印月」的美景。

## 水社碼頭

日月潭地區最知名的景點，幾乎每個到當地的遊客都會親臨的水社碼頭。

碧綠潭水，人煙稠密，還可以搭乘小船或租借自行車遊湖，溫柔涼風吹拂，讓人置身在日月潭的美景。除了景色怡人，附近商店林立，可以購買當地特色名產、伴手禮等。而且，當地經常舉行不同的文娛活動，到訪隨時都有驚喜收穫。

## 澀水森林步道

位於南投魚池大雁隧道旁，澀水社區內，澀水森林步道在海拔約六百三十公尺處的旅客服務站旁開始，全長約四公里，全程約花二至三小時。旅客踏入澀水森林步道，會看見金天宮、森林瀑布、草原濕地，和溪流附近生活的蛙類、鳥類、哺乳類及昆蟲，樣態多元，可以觀察到平日難以接觸的動植物。因此，臺灣林務局在二〇〇四年，命名澀水森林步道的內部為「侏儸紀公園」，走入其中，都能感受遠古的浪漫情懷。

## 活盆地會跳舞的泥土

日月潭活盆地會跳舞的泥土，其名源自，只要我們站在該處的泥土上面，就能明顯感受到如地震般的晃動，是相當新奇特別的經驗。這是由於特殊的泥碳土壤，其中微量元素與數千年來的水草生長產生化學作用，從而形成沒有結成硬塊的地面。而且地面表層的泥炭土長滿水草，變成水床般的別緻面貌，遠看頗似水田，因此又稱作「曼波田」。

### 行程資訊

- 時間：全天約九小時。
- 起點：大觀古隧道。
- 終點：日月潭活盆地會跳舞的泥土。

- 午餐地點：大雁。

## 大觀發電廠

- 除星期一休館外，每天上午九點至下午四點。
- 可免費參觀，四十人以下可預約收費導覽解說服務。

## 澀水森林步道

- 每天上午九點至下午五點。
- 如遇颱風天、其他天然災害之影響或實施整修工程等，將公告於最新消息。

## 交通資訊

- 公共交通以外，本行程也非常建議自駕遊。
- 建議計程車前往大觀古隧道。
- 從天梭站坐公車 6729，到魚池站轉乘公車 6289（大雁站落車），步行二十分到澀水森林步道。
- 從大雁站搭乘公車 6289，即可抵達水社碼頭。
- 從水社遊客中心站坐公車 6289 或 6668，即可抵達活盆地會跳舞的泥土（頭社國小站下車）。
- 頭社國小站坐 6289 公車至水里鄉公所，步行即可抵達水里夜市。

# 七

# 水力挑戰：促進台灣工業化的日月潭發電事業

位於台灣中央部位山中的日月潭，那裡過去是稱為日潭和月潭的兩個小的自然形成的高山湖。日本統治時代，因為亞洲最大發電廠的建設，讓兩個湖泊的水位上升，成為現今的日月潭，後來被指定為國家風景區。這個人工湖的形狀，宛如裝了台灣水力發電總量一半以上水量的水瓶（照片-16）。

在日月潭發電事業上，第七任的台灣總督明石元二郎、民政長官下村宏、

照片 - 16　日月潭的夕陽，氣候乾爽的秋天被譽為是最美麗的風景。

總督府土木局長山形要助、技師國弘長重、台灣電力株式會社社長松本幹一郎、技師長堀見末子等多人都有關連，歷經十六年的歲月建設，促進了台灣的工業化。

日月潭的「潭」字，有「淵」的意思，貯存從濁水溪流下來的水，是台灣唯一的天然湖泊。總督府土木局長山形要助考察探尋台灣各地，決定把這個地方當作電力的水源地，而這是根據指派所屬技師國弘長重、大越大藏等人徹底調查後所做的判斷。

此一全島調查前的一九一一年，擔任土木課長的山形，派遣總督府土木課技手八田與一去調查台灣南部，當時的土木課除了大越之外，還聚集了濱野彌四郎、堀見末子等優秀技師。

八田在那次調查之後，以土木課衛生工程股的技師身分，在前輩技師濱野彌四郎的手下從事台南水道工程，學習了水利相關的知識及技術。其後，異動到土木課監查股的八田，被委以興建桃園埤圳灌溉工程，此一工程係由民政長官下村宏發想提案而實施的。在這期間的一九一七年，為了水力發電，升任土木局長的山形，指示八田以水庫專家的身分同行，進行水源調查。從這樣的經歷背景當中，可以知道引濁水溪水源灌溉的嘉南大圳事業，是由八田發想提出計畫的。為世界所稱頌的八田，對於水庫的偉大事業，在後藤新平所鋪設的所謂台灣公共設施現代化的軌道上，可說是階段性地累積諸多相關人士的努力貢獻而達成的吧！

時間來到大正八年（一九一九年），第七任總督明石元二郎，開始著手在濁水溪興建水庫，從全長十五公里的地下隧道（導水路）引水貯存至日月潭的水力發電工程。在民政長官下村宏的支持下，為了台灣全國的工商業發展，促進必要的電力供給，設立台灣電力株式會社，開始發電廠的建設。半官半民的國營企業的第一任社長，是總督府中央研究所的所長高木友枝，他是一位被稱為台灣醫學衛生之父的人物。而在美國堪薩斯市學習土木設計、施工的台灣總督府新銳土木技師堀見末子，則成為台灣電力株式會社的技師長，擔任發電廠建設的總指揮，以推動工程的進行。惟建設途中，由於第一次世界大戰所引發的經濟不景氣及受關東大地震之影響，該計畫從開工起進行了四年即面臨窒礙難行的狀況，歷經十年後就中斷，而這正意味著台灣產業的停滯。

昭和四年（一九二九年），以帝都復興院總裁身分主導關東震災復興的後藤新平，有意派遣帝都復興院副總裁松本幹一郎擔任台灣電力的社長，而東京帝大同期的大藏大臣（相當財政部長）的井上準之助、還有最後濱口雄幸總理也懇請松本就任社長。

松本幹一郎歷任鐵道員理事、東京市電氣局長等職務，再到帝都復興院要職，他邊往返於帝都的公務，邊精力充沛地埋首於水力發電工程的再興，這是在與第二次世界大戰恐慌和熱帶疾病奮戰的同時，除了面臨動員在日本培養出來的技術及技術人員的挑戰之外，他也自行到處去實地調查。

而在昭和九年（一九三四年），花費十六年完成了水庫湖及發電廠，機器啟動的隔年，將當時大約七萬千瓦的台灣發電力，飛躍提升至三十五萬千瓦，並命名為日月潭第一發電廠，是當時東洋第一大的發電廠，後來改名為大觀水力發電廠。現在，其發電量佔了台灣水力發電總量的一半以上（照片-17）。

松本，在第二發電廠即將完成的昭和十四年（一九三九年），因腦溢血去世，可說是過勞死。在其突然過世的兩年後，日月潭旁豎立了他的銅像，但被稱為「台灣電力之父」的松本的銅像，卻在二次大戰時因金屬鐵材的徵用而被移除，以致僅剩基座遺留下來而已。一直到平成二十二年（二〇一〇年），由許文龍先生捐贈，在日月潭東側水社水庫的進水口畔建置了新的半

照片 - 17　現在的大觀發電廠。

身銅像（照片-18）。

日月潭水力發電，可說是後藤新平所擘劃的台灣公共設施整備事業達到最顛峰的大事業。

明石元二郎是第七任的台灣總督，在任一年四個月，在此短期間內所進行劃時代的事業之一，即是推動將供電範圍涵蓋台北到高雄的日月潭發電事業。

同期間，並從事台灣教育令之發布等教育改革，以「於世界的人文發達上順應島民」為主軸，修改公學校官制，公布師範學校官制、高等普通學校官制、實業學校官制、商業高等學校官制、醫學專門學校官制等。甚至，為了田地等的地租負擔公平，積極從事地租制度的修改、司法制度的改革、縱貫南北的道路及鐵道等交通工具之充實等，此等橫跨軟體與硬體兩方面的努

照片 - 18　被稱作「台灣電力之父」的松本幹一郎的銅像。

力，對於之後台灣的發展，留下極大的貢獻。

明石在台灣的偉大事業逐步達成時，卻於一九一九年七月因公務在返回日本的海上，再次病發，並亡於故鄉的福岡。

「若吾身有個萬一的話，請務必把我葬在台灣」，接到此遺言的民政長官下村宏，把明石的遺骸從福岡運送到台灣，並將之埋葬在台北市的日本人墓地（現在的林森康樂公園）。

可是，第二次世界大戰後，內戰失敗來到台灣的國民黨軍隊和難民，開始住到日本人墓地，因而逐漸變成所謂的低收入戶聚集的貧民區。支配台灣的國民黨政權放任此慘不忍睹的狀況，直至一九九四年，選上台北市長的民進黨陳水扁，支付搬遷費用將居民遷出，並管理遺骨，推動該地成為公園。

出生於農家、孩童時代在台南縣度過的陳水扁，因為八田與一的水利事業而使生活得以好轉，並因明石元二郎的教育制度改革，得以升學至台灣大學，並成為律師。陳水扁在擔任第五任台灣總統時曾說過，因八田技師的事業而得以接受教育的恩惠是不能夠忘記的。

之後，明石總督的墓地，於一九九九年由現地的有志之士，將其改葬至台北縣三芝鄉（現今的新北市三芝區）的福音山基督教墓地（照片-19）後於二〇一〇年遷回。

位於海拔七四八公尺的日月潭，位在台灣中部唯一沒有臨海的南投縣境內。

從台北至台中搭乘高鐵大約需五十分鐘，再由台中高鐵站轉乘快速直達巴士，約花一個半小時可抵達以釀製紹興酒聞名的台中埔里，埔里也是以種類豐富的蝴蝶棲息地聞名，它有四個值得自詡的W，被稱為有優質的Water

照片 - 19　曾移靈至福音山基督教墓地的明石元二郎的墳墓。

（水）、Wine（酒）、Women（女子）、Weather（天候），從埔里再搭乘巴士沿著龍江往原生林行駛上去，在九龍口附近可看見淡水湖吧！這是在日月潭北側被稱為水社的區域。

要去明潭發電廠或第一發電所（譯註：現為大觀一廠）的話，須從南側的水里車站方向去。這個水里車站目前仍然有SL蒸汽火車在行駛的復古式的「集集線」，這是過去是為了替日月潭水力發電工程運送物資而鋪設的鐵道，也是受到日本鐵道迷們喜愛的路線。

大觀發電廠，每週星期三除外，上午九時至下午四時均可參觀，發電廠內的簡報室備有日本語的影片說明（約十五分鐘），內容包括發電廠的由來和歷史等（照片-20）。

如同包圍著日月潭一般，其周邊散佈著觀光飯店及傳統工藝品店，原本

照片－20　大觀發電廠簡報中心亦備有日本語的影片說明。

邵族居住的湖畔，在台灣是具有代表性的風景名勝地，湖的北側呈現白天太陽輪廓的形狀，南側則是新月的形狀，其所構成的日月潭的夕陽，從文武廟或玄奘寺來觀看的話是最美的景象。欲拍攝全景的人可登上在那上面的山中道路和石階，還有，特別推薦從慈恩塔九樓頂層的攝影角度來取景。

## 參考文獻


- 《嘉南大圳概要》嘉南農田水利會
- 臨時台灣總督府工事部基隆出張所《基隆築港沿革》台灣日日新報社
- 台灣總督府交通局《台湾の港湾》吉村商會
- 《台灣史小事典》中國書店
- 台灣總督府編《台灣日誌》綠蔭書房
- 佐野幸夫《西郷菊次郎と台湾》南日本新聞開發中心
- 堀見愛子《堀見末子土木技師》自費出版
- 《日本人、台湾を拓く》まどか（MADOKA）出版
- 磯田謙雄小冊子編輯委員會《台湾新社台地を潤した磯田謙雄さん》金澤市城南公民館
- 土木的繪本《海をわたり夢をかなえた土木技術者たち》（一般財團法人）全國建設研修中心

- 吉川勝三《台湾を愛した日本人　土木技師八田與一の生涯》創風社
- 八田晃夫《後藤新平略史》自費出版
- 緒方英樹《台湾の礎を築いた日本人たち》株式會社ユナイテッドツアーズ
- 緒方英樹「台湾に渡った土木技術者たち」理工圖書・月刊《土木技術》六十七巻十二號
- 景仰八田技師夫婦的台灣友好之會監修《水明り　故八田與一追偲録（復刻版）》北國新聞社
- 北國新聞社出版局編《回想の八田與一》北國新聞社
- 台灣總督府《嘉南大圳新設事業概要》
- 陳鴻圖《「農業振興」と「営利主義」の狭間―終戦後台湾における嘉南農田水利会の発展》―二〇〇七年九月
- 坂下明彥、朴紅、西村直樹《台湾嘉南平原における農家経営と土地利用―官田郷農会を対象として―》北海道大學農經論叢 60:79-87，二〇〇四年三月

創作歌劇・二幕・

# 到台灣引水的男子
# 八田與一的故事

緒方英樹

## 八田與一家人照片

八田外代樹女士，她十六歲從金澤遠嫁到台灣來（當時八田與一先生三十一歲），養育八個小孩，在八田與一努力完成水庫之際，她一直用心支持他。

工程完成後，八田先生隨即被派遣至菲律賓，渡海時遭到美國潛艦的魚雷攻擊致死，享年五十六歲。

一九四五年，日本迎來終戰。九月一日，天未亮時，外代樹女士身穿黑色喪服，腳裹白襪的打扮，投身於烏山頭水庫的放水口，享年四十五歲。

照片 - 21　照片提供：嘉南農田水利會，越智良典

# 【登場人物】

八田與一　三十來歲～五十來歲
八田外代樹（與一的妻子）　二十來歲～四十來歲
美佐緒（外代樹的女傭）　十九歲
徐英哲（農民之子）　八歲、十五歲
徐俊英（英哲之父）
山形要助（台灣總督府土木課長）
陳永忠（台灣的農民）
黃志明（台灣的農民）
台灣的農民們（影子們）　八人
中島（日本技師）
柴田（日本技師）

赤堀　（日本技師）
大城　（日本技師）
柴田勉　（柴田技師的兒子）九歲、十六歲
赤堀美代　（赤堀技師的女兒）八歲、十五歲
柴田技師的妻子
大城技師的妻子
台灣人的工作者們　男女六人
日本人的小孩子們　男女五人
台灣人的小孩子們　男女五人
小飯店夫婦　楊先生、春美小姐
飯店的客人　一、二、三、四
叫賣東西的少年、少女數人
照相館的人　五十來歲
藝人們

檜山俊平　　台灣總督府職員

嘉南農田水利會工會職員　　林先生、張先生、吳先生、蔡先生

景仰八田技師夫婦的友好之會

旁白

二胡演奏者

## 【第一幕】

### 序幕

布幕打開的同時，全體合唱。

〈福爾摩沙之歌〉

從遙遠的以前開始　彩繪著光和綠
清透甘香的　湖畔的朝霧
榕樹幹的紋路上　貼上耳朵
瞧　可以聽見　可以聽到
鳥兒們的叫聲　風吹的聲音
穿越遠山　龜裂的大地　終獲滋潤
水之聲　生命之水

我們難以忘懷　難以忘懷
我們生活在　生活在
美麗島　福爾摩沙的人們呀
福爾摩沙之水　嗚呼

轉暗，全員安靜地往舞台兩側後台離去。

涓涓細流，水之聲。

舞台螢幕上，呈現八田與一家人的照片。
螢幕旁邊站著一位青年。

（以下「」是台詞）

旁白敘述

「我祖父的名字是，八田與一。

是從現在開始大約九十年前，讓台灣所謂廣大的嘉南平原的荒地，甦醒成為豐富的穀倉地帶的土木技術者。我知道如此偉大的祖父事蹟，是在我出生後經過很長一段時間的事了。為何如此呢？主要是因為我未曾見過祖父。而祖父八田與一，在日本統治時代的台灣，為何承擔起在被稱為不毛之地的嘉南平原的開墾工作呢？而台灣當地的人民和家人們，以及從日本來的技術者和家人們，曾經有過怎樣的辛勞呢？那辛勞得到了怎樣的回報呢？這，就是我想要知道的。」

水聲停止，轉暗的同時寂靜下來。

## 第一場

標題：對立

場景：台灣的南部、嘉南平原

瞬間，閃閃發光的太陽。

舞台螢幕上，南國熾熱太陽所照射的不毛大地漸漸伸展開來。

農民們的合唱聲悠揚。

農民們的合唱：

從遙遠的以前開始
光和綠　滿溢於　美麗之島
嗚呼　福爾摩沙
但　從遙遠的以前開始
來的時候也是　來的時候也是
洪水、乾旱、鹽害三重苦痛
龜裂的嘉南大地

但　從遙遠的以前開始
無主的未開化之地
多次的　多次的
土地被剝奪　言語被剝奪
阿爸呀　阿母呀　祖先們呀
只有心靈　只有魂魄　無法被奪走

從舞台右手邊，拉著載滿水桶的人力車的徐俊英，和從後面推著人力車的兒子英哲，唱著歌慢慢地走出來。

英哲：
嘿咻　嘿咻
日照的田地　喀拉喀拉地龜裂
咱們每天早上用牛車從山中的蓄水池汲水
嘿咻　嘿咻

即使挖了水井　也是很鹹的水　無法喝得下去
灑水至田地　也是喀拉喀拉地龜裂
不管咱們怎麼哭泣　老天爺也只是笑著
早晨有晨星　深夜有夜星　中午的便當則有梅乾在中心
嘿咻　嘿咻

俊英：生命之水呀，即使一滴，也不能滴落呀！
英哲：加油，加油！
俊英：凹凸不平的道路，不可意志消沉哦，生命之水。
英哲：阿爸，已經筋疲力盡很累了，肚子餓了。
俊英：大笨蛋，好好地推車，不要拖拖拉拉哦。要用腰力，咬緊牙根。加油，
　　加油！
英哲：從一早就汲水，來來去去的，肚子餓了。
俊英：如果還在那邊囉哩八嗦，就不給你飯吃。
英哲：雨呀雨呀降下來吧，肚子餓了呀！

相反地從舞台左邊，日本小孩們跑了出來。

孩子們之歌：

愛哭鬼　膽小鬼　汲水的小傢伙
不管取多少次水　乾枯枯的乾枯枯
老天爺笑著　笑著

英哲：你們日本人知道個甚麼呀？咱們不汲水的話就活不下去了。無論水田或旱田也都乾枯了，大雨一降就成洪水。即使挖掘了水井，也是鹹的水，因此需要汲水呀，是生命之水。

俊英：咱們本地人，不要和日本人有關連。不管被笑，或被嘲笑，就閉上耳朵不要開口。

孩子們玩著的紙飛機，掉落在英哲的腳邊，英哲馬上順勢地用腳踩它。

柴田勉，和英哲同年齡層的人，從孩子群當中飛奔出來。

勉：「你在幹嘛？那是我的紙飛機呀！」
英哲：「我可沒時間和你們這些日本人玩耍，趕快走開！」
勉：「我的紙飛機，你要把它復原好。」
英哲：「甚麼？這種鬼東西。」

將紙飛機揉成一團丟向勉。
生氣的勉，將身體撞向英哲，英哲也不服輸地撞他身體。
小孩子們互相推來推去。

俊英：「大笨蛋！不是要當朋友嘛！」

沒辦法，英哲只好推著牛車。

小孩子們　伊呀　伊呀
愛哭鬼　膽小鬼　汲水的小傢伙
不管取多少次水　乾枯枯的　乾枯枯

老天爺笑著　笑著

留下小孩子們的笑聲，轉暗。

嘉南平原

再次地，閃閃發光的太陽。

吉普車來了，車聲轟隆隆。

農民們爬向大地的影子（全部統一為黑色衣服），成群結隊地從舞台左邊爬出來。

影子們：「八田來，八田來了……」

害怕地，趴下身體。

吹向原野的一陣風。

朦朧的煙霧影像前面，男子站著。

男子：「好的，在這裡放下測量儀器。」

四位日本技師，協力一一地把測量儀器（水平器）放下來豎立好，並架起三腳架。

中島：「不管怎麼說，現在所看到的全都是荒地呀！」
柴田：「你們看，地面到處都是龜裂的呀！」
大城：「到底，從那裡引水來才好呢？」
男子：「（手指著遠處）你瞧！把從阿里山那邊流進曾文溪、濁水溪的水引進到烏山頭呀，你們難道看不到嗎？」
技師們：「甚麼也看不見……」
男子：「（高聲大笑）在這烏山頭上興建巨大的水庫，要從曾文溪引很長的水，為了這樣，非得從烏山嶺下面開挖三公里長的隧道不可呀！」
赤堀：「三公里的隧道！」
男子：「你們也認為是八田膨風誇大其詞嗎？我呀！可是花了很多年、小心地、仔細地、專心地調查了噢！是在這個基礎上所做的工程計畫，是有自信的呀（高聲大笑）！」

技師們也高聲大笑表示同意。

影子們：「（帶著怒意）八田來了！」

如此呼叫著，一齊往舞台左邊消失而去。

背對著刺眼的太陽光站立著的男子。

男子的獨唱：

我的名字是　八田與一
是日本最會說大話的人
這樣的謠言　我也聽過
但是大膽地　細心地

走遍　台灣土地　調查
再三的周詳計畫就出來了
山的那一頭　從濁水溪引水來
在這個烏山頭　蓄水起來
鋪設環繞的水路　長度　令人眼花繚亂
蓄在水庫的水流向水道
供水給嘉南的田地
荒廢的大地　稻穗結成了
荼炭之苦　可消除了吧
尊敬的福爾摩沙人民呀
生為眾生的人呀
難道就要維持這樣嗎？
請想想　孩子們　孫子們的未來

從左邊，農民的影子們又再次慢慢地出現，齊聲大叫「八田來了」，然後，其中一位農民（影子）陳永忠脫去黑色的衣服站了起來，唱出歌聲。

陳永忠：

吹大牛的日本人呀
咱們農民是知道的
支配過這土地的荷蘭人也是
清朝人也是　都是這樣吹大牛的

男性農民（影子）黃志明出現。

黃志明：

無論是誰都失敗　放棄了
村長李先生也是　地主王金福也是
土地被奪取　金錢被拿走　被騙了

咱們農民　已經不再被騙

農婦們：

我們已經不會被騙　不會被騙

與一，向前站了出來：

我原本也是日本農民的後代
農民的苦　我是知道的
知道土地宛如生命
但是　沒水的土地就是等死　難道就要持續這樣嗎？
每天每天　決定汲水順序　過著打水的生活
田地一經日曬就乾掉了
雨水一直下作物就流失了　近海人家的水井
混著鹽水也無法飲用

請想想　孩子們　孫子們的未來
目前的狀況要持續到何時？難道就要持續這樣嗎？

陳永忠、黃志明也站出來：

這是祖宗代代　咱們的命運
照天地所定　在地面上爬行
還不是這樣生活過來　生活過來的呀
外來的支配者們喔
這裡　是我們的土地
擅自指指點點　請不要

與一：

尊敬的福爾摩沙人民呀
在南方的大地　生為眾生的人呀

我們　來為所有的同胞盡力吧

農民們，全部站起來

從遙遠的以前開始
無主的未開化之地
多次的　多次的
土地被剝奪　言語被剝奪
阿爸呀　阿母呀　祖先們呀
只有心靈　只有魂魄　無法被奪走

與一：

將要改變的　改變給你們看
一起共同　來開拓未來吧

農民：

未來　未來？　誰的未來
看不到怎樣的未來
看得到的　是這乾枯的大地
經常只有熱浪往上竄升著　甚麼也沒改變
甚麼也都不要變

農婦們：

甚麼也沒改變　請甚麼也不要改變　請不要從我們這邊奪走

農民們：「滾開，滾開！」

農民們多次一邊如此呼叫，一邊把與一他們團團圍住。

農民們和與一、技師們互相推擠。

此時，隱約可聽見二胡的琴聲。

農民們、與一們也都被這琴聲吸引住了。

二胡演奏者走到舞台中央，演奏台灣民謠「雨夜花」。

從左邊出現台灣本地的小孩子們，演唱著雨夜花歌聲接近，影子（農民）們隨即消失而去。

小孩子們：

雨夜花　雨夜花
受風雨　吹落地
無人看見　每日怨嗟
花謝落土　不再回

與一也唱起歌：

在下雨的夜裡　盛開的花

被風吹　靜靜地飄落下
白色花瓣　靜靜地飄落下

一起一邊跳著舞：

花落土　花落土
有誰人　通看顧
無情　風雨　誤阮　前途
花蕊　若落　要如何

孩子們圍繞著與一，圍成一個圓圈。

一位少年走到與一的面前。

少年：「本地人是懦弱者，我父親這麼說過呀！」
與一：「小男孩！你叫甚麼名字？」
少年：「徐英哲」

與一：「英哲！好好聽著。」

與一，好像說話似地唱起歌來：

我們自己的腳下　土地沒有在哭泣嗎
沒水的大地　攸關生死
我　在這烏山頭
建造巨大的蓄水池
那就是　烏山頭水庫

英哲：

巨大的蓄水池？　這樣的東西在哪裡
我看得到的　只有雜草叢生的荒地

與一，對著懷疑的孩子們訴說他的真心話：

認真聽　用心感受
從遙遠的阿里山吹來了風
風的聲音　水的聲音　可以聽得到

英哲：
甚麼也聽不到　甚麼也看不到

與一：
我看得到呀　聽得到
從曾文溪流過來
潺潺的水流聲　傳過來了

英哲：
巨大的蓄水池？　不要讓人見笑吧

果然是吹牛　說大話

與一，高聲大笑，以認真的臉靠近英哲：

如果只有蓄水池　你們的父親
是不會變輕鬆的　為了這樣
要鋪設好幾條長長的水道
透過水道　把水流到各個村莊的水田和旱田
水一流出的話　將變得怎麼樣呢
就不用再汲水了
改變的　不只是你們的家人而已
也將終結許多村莊的貧困
大家在飯桌上將笑顏逐開
生命之水　將透過土木的力量創造奇蹟呀
英哲：「土木的工作？將改變我們？將創造奇蹟？」

與一：「將創造奇蹟！」

他被與一認真的眼神所吸引。

英哲：「為甚麼？」

與一：「嗯。」

英哲：「為甚麼，為了咱們本地人，日本人的你要做到這樣子呢？」

與一：「我，要讓這荒廢的大地甦醒成為生命的大地，就只是這樣。土木的工作跟是不是台灣人或日本人並沒有關係。重要的是，大家都能變得幸福，是致力於地球的幸福，這個就是所謂的土木技術者的使命。」

英哲：「果然，還是說大話呀（笑）！」

與一：「（大笑）這個巨大的吹噓，應該要花十年吧！」

英哲：「十年這麼久……」

與一：「如何呀？英哲！要不要一起來追夢看看？」

英哲：「……」

轉暗

## 第二場

場景：與一住的台北市西門町宿舍附近的街道，過中午時分

高大的榕樹（螢幕）

群聚在高大樹木上的野鳥齊聲鳴叫。

那樹下，從舞台右方，八田外代樹搖晃著白色陽傘走出來，女傭美佐緒跟在她的後面用扇子搧著風。

外代樹：

從神戶港往基隆港　和日本　暫時的離別

美佐緒：

很久，很久的離別

外代樹：

令人懷念的是　城裡大條通的百間堀（寬廣的護城河）在風中飛舞的是櫻花

美佐緒：

櫻花，櫻花——

外代樹：

出生成長的金澤的街道　遙遠的懷念

美佐緒：

金澤　啊——啊——金澤　現在是遙遠的懷念

外代樹：

母親送給我的「新嫁娘掛簾」

美佐緒：

新嫁娘掛簾　兩戶人家放入竹筒中的水

外代樹：

和父親一起眺望的「兼六園的雪吊」（譯註：防止積雪折斷樹枝的裝置）

美佐緒：

欲歸去　無法歸去——

外代樹：
台灣也有櫻花開　您教我的
海也是　天空也是　連結在一起
這是您教我的
美佐緒：
和與一先生　外代樹女士
來到遙遠的南方之島
外代樹：
我們的旅程出發到　希望之島呀
美佐緒：
十五歲年輕的新娘　在雙親的撮合下結為連理

聽都沒聽過的南方之島

外代樹：

藍色的天空　耀眼的太陽光
會喜歡上的哦　第二個故鄉

美佐緒：

台灣的陽光太強了
女傭的我擔心的是　瘟疫　瘧疾　還有
面孔看起來很恐怖的與一先生
但是沒關係　我會守護下去的呀

突然笑出來的外代樹。

外代樹：「與一先生，他相當溫柔體貼的呀！」

呆住的美佐緒。

可聽到街角傳來台灣布偶劇「布袋戲」的對白聲音。

外代樹和美佐緒在榕樹下稍作休息。

布幕上放映著「布袋戲」。

（布袋戲是十七世紀，在中國福建省所孕育出來的布偶劇，為早期的台灣民間雜藝之一。）

影像，從布袋戲變成小間的日本房屋。

外代樹：「這裡呀！是與一和我的家。」

美佐緒：「雖然小，但很像日本的家。」

外代樹：「與一——」

與一：「（從家中大聲叫）妳回來了呀？外代樹。」

飛奔出來的與一，捉起外代樹的手。

外代樹：「聽說台南的農民們反對工程的興建，沒問題嗎？」
美佐緒：「聽說連總督府的預算許可也沒出來，是真的嗎？」
與一：「沒問題，沒問題的。」

一邊笑著，一邊把自己的耳朵貼到外代樹的肚子上

與一：「喂——有聽到嗎？我是爸爸哦！」

與一，對著肚子裡的小孩輕輕地唱起歌來。
北原白秋作詞、成田為三作曲的《紅色的小小鳥》。

與一的歌聲：
紅色的小小鳥
為何為何是紅色的
因為是吃了紅色的果實

與一走音的唱腔，讓大家都笑了出來。

外代樹和美佐緒，一起歌唱：

白色的小小鳥
為何為何是白色的
因為是吃了白色的果實

瞬間，附近的小飯店夫婦、賣東西的少年、少女們也都一起唱起歌來：

紅色的小小鳥
為何為何是紅色的
因為是吃了紅色的果實

一幅家庭幸福的景象，被夕陽圍繞染成橘紅色。

轉暗

## 第三場

場景：傍晚，嘉南平原的小徑

人力車的旁邊，生氣大叫的徐俊英和英哲父子兩人。

俊英：「說甚麼呀！你說想要成為土木技師，搞甚麼呀？那個土木技師是甚麼東西呀？」

英哲：「所以呀！我努力學習，想成為像八田先生那樣的土木技師，那樣厲害的人，我第一次看到。」

俊英：

請給我清醒一點　兒子呀

你不在的時候　是誰每天汲水的呀

英哲：

水庫建好　連結上水道的話

連汲水　也可以不用了　阿爸

俊英：

耕田　收割作物

打掃屋頂的煙囪　修理損壞的牆壁

英哲：

工作呀　和以前都一樣　因此我

俊英：

請幫助阿母　阿爸

和以前都一樣　為了家人流汗的呀

英哲：
不只為了家人
是為了村莊　為了大家
因此興建水庫　拜託您讓我去

俊英：
到底怎麼了　我的兒子呀
這樣的話　我可不想聽哦
還是你
比起阿爸　你寧可選擇日本人嗎

英哲：
八田先生告訴我們的
水庫完成的話

水田和旱田　水會流進去
生命之水將滋潤田地
稻穗會變金黃色　生活也會變得輕鬆
想讓年邁的阿爸變輕鬆
為了阿爸　為了阿母　為了大家
八田先生的工作　我想要幫忙

俊英：

你呀　被騙了　不管怎樣連阿爸所講的　都不聽的話
如果你真的要　站在日本人那邊的話

四目相視的父子。

俊英：「英哲！」
英哲：「阿爸！拜託您！」

俊英：「我們已經不是父與子了，馬上給我出去。」

英哲：「阿爸！」

走開的父親，站著不動的兒子。

汽笛啵地響了一聲。

不知甚麼時候，勉和日本小孩子們走近英哲。

勉：「我的父親也是土木技師。」

英哲：「你，也要成為土木技師嗎？」

勉：「沒有。」

英哲：「為甚麼？」

勉：「我的夢想，是成為飛行員，因此想要趕快回到日本的飛行員訓練學校。」

英哲：「如果這樣，為甚麼不馬上回去日本呢？」

勉：「我……」

英哲：「嘿！你都只是在玩紙飛機，讓它真的飛起來吧！」

勉：「你還不是一樣，不管甚麼時候都只是在汲水呀！」

英哲：「要玩一下嗎？」

勉：「來吧！」

二人，好像玩耍般地開始玩起相撲，卻在少女的歌聲中停止了動作。

依靠在一支電線桿，閉著眼睛的少女赤堀美代。

美代：

咻——咻——

風的聲音，聽得到哦

咻——咻——

英哲：「（靠近少女）聽得到風的聲音嗎？」

美代：「你是英哲君吧！我是赤堀美代，英哲君應該是本地人吧！我是沖繩的人，隔壁而已，讓我們好好相處哦！」
英哲：「為甚麼？知道我的事。」
美代：「我父親是土木技師，他的師傅是八田技師，從八田先生那裡聽過英哲君的名字。」
英哲：「八田先生提過我的事？」
美代：「英哲君也想成為土木技師吧！」
英哲：「我嘛……」
勉：「（對美代）風，說了甚麼呀！」
美代：「它叫你們兩個人要好好相處（笑）。」

英哲、勉，靦腆地笑著。

轉暗

# 第四場

場景：八田家的宿舍前（傍晚）

螢幕上，放映出橘紅色的夕陽。

房子裡傳來與一、外代樹、美佐緒的笑聲。

突然出現喊叫：「給我出來，說大話的八田與一！」

徐俊英來到屋子前面生氣地大聲叫著，與一從玄關出來，外代樹和美佐緒跟隨在他後面。

與一：「發生甚麼事情了呀？這樣不是讓我妻子很害怕嗎？」

俊英：「今天的事，絕對不允許呀！」

俊英之歌：

徐英哲　是我的兒子
兒子開始討厭汲水了
因為你的關係
不要對他吹噓著有的沒有的大話
孩子是重要的工作幫手
打算剝奪重要性僅次於生命的土地
奪取比生命還重要的兒子嗎

與一：「（喜悅地）我也快要成為孩子的父親了！」

與一靠近撫摸著肚子的外代樹。

與一之歌：

台灣人也是　日本人也是

都是一同生活在大地之子
孩子們的未來
是咱們大人要守護的
看著大人面對困難的背影
孩子們也　孕育著夢想吧

嘉南很廣闊　卻是不毛的原野
雖如此但我們可看得到
周遭一整片　稻穗結滿
家人笑開懷　割稻的身影
上學去　孩子們的笑顏
路途雖遙遠　共同來工作吧
為了孩子們的未來

俊英：

孩子的未來　由父母親來決定
村莊的未來　由村民來決定
日本人　不要來阻撓

與一：

孩子的未來　是孩子們自己的
讓孩子的子孫　能有繼承下去的東西
為了這個　咱們大人能幫忙做些甚麼呢
俊英　走出來的詠嘆調
甚麼也都可以哦　如果是為了小孩子
到山的那一頭　要汲水好幾回
如果為了孩子們　揮汗也可
我的出生之地大內
位在中央山脈　交界地

從小時候開始　過著被山圍繞的生活　阿爸也是阿母也是　再也難以忍受
疲勞的結果　死掉了
即使是這樣的我　也有過夢想
小小的也可以　擁有自己的田地
結稻穗時　和孩子們一起割稻
一起歡笑　和家人　在黃昏團聚
擁有如此的小夢想
來到了嘉南平原
下次到山上　用牛車汲水
栽種的稻子　日照　乾旱
鹽分侵蝕土壤的每一天
布滿晨星的早上出門　直到夜晚的　夜星出現為止
咬緊牙根　生活過來
生活過來了　這就是我的人生

俊英：「我的人生?到底，變得怎麼了呀？」
與一：「這樣的生活一直到孩子們，他們的子孫們要讓他們繼續這樣嗎？」

俊英，啞口無言說不出話來。

不知何時農民們聚集了過來。

農民們的歌聲：

會被騙嗎　不會被騙
膨風吹大牛的　滾回日本　滾回日本
這是咱們的土地　請不要再來擾亂我們

英哲和農民的孩子們也來了。

孩子們之歌：

日本人和本地人也都沒有關係

這裡，是我們的土地
正因為如此　我們也來思考吧
從在阿公更早之前　就開始汲水過來
一直　一直以來　都是辛苦的
大人不是都經常這樣說嗎
同心協力　來建造水庫吧
把水引到旱地和水田
稻米和甘蔗　蔬菜和水果
生命之水　將會幫我們栽種

**勉和美代他們及日本孩子們的歌曲**

每天　每天　互相爭吵
為何　不能好好相處呢
不管是台灣人或日本人　也都同樣是地球的人

因此拜託　同心協力吧

俊英：「（面向與一）如果……」

與一：「嗯？」

俊英：「如果，工程無法順利完成的話，或中途失敗的話，打算如何來負責呢？」

農民們也同聲詰問與一：「要怎麼負責？要怎麼負責？」

與一毅然地說出。

與一：「我保證，拿我的命來換！」

慢慢地轉暗

間奏曲

## 【第二幕】

螢幕字幕：「嘉南大圳工程計畫核可」

從舞台右手邊，日本技術者們踏著大步伐出現。

開工之歌：

從大內庄（譯註：現今臺南市大內區）搬運土石
利用土石和黏土來建造哦
既強韌又柔軟的土堰堤
開始囉　世紀的大工程
土堤的正中央　打入混凝土作為中心部分
鋪設鐵道　運送泥土和砂石
注水囉　打進泥土和砂石
生命之水的　基礎建設

從左手邊，台灣人包括男女也陸續地跳著舞蹈出現。

開始囉　開始囉
在水流之處　搬運泥土和砂石
生命之水的　基礎建設
路途雖遙遠　一同來工作吧
為了孩子們的未來

日本人和台灣人整齊地排列在一起。

開始囉　世紀的大工程
注水囉　打進水
細的土砂石　往內側
粗的土砂石　沉澱至外側
這就是生命堰堤的建造
路途雖遙遠　一同來工作吧

為了孩子們的未來
（大家一起舉起手來）哦——哦——

## 第一場

場景：工地現場附近的烏山頭測量小屋（白天）

在小屋周圍有椅子和桌子。

熱熱鬧鬧地一邊跳舞一邊喝酒慶祝的八田與一，及屬下的日本技師們，技師們的妻子也都在場，八田與一的手上有一升瓶裝的酒。

部屬之歌：

八田技師之計畫　總督府已經核可了呀

嘉南平原開發計畫書
來看世界最新的技術哦
過不久　就不會讓你們說是吹大牛了
開始囉　東洋第一大的水利事業
開工了　開工了

理解八田與一的上司土木課長山形要助也跑過來。

山形：「恭喜！八田君！」邊說邊斟酒。

山形課長之歌：

前人未踏入的大事業
不要拘泥在小事情上
日本內地無論是誰　也都支持
嶄新的挑戰　縝密的準備

確實的計畫　大膽的決斷

土木技術者八田與一　就在這裡

不辭辛勞照顧大家的外代樹、美佐緒和赤堀美代。

眾人催促之下，醉了的八田與一也高歌一曲。

與一、外代樹、美佐緒歌唱：

（金澤加賀的祝賀歌曲）

加賀的城主　居中協調

契合　祝壽　祝賀之酒

鶴是太夫吧　才藏是龜吧

（譯註：太夫是江戶時代地位最高的藝人，才藏是扮演太夫對手的角色）

也都想要恭賀地　跳起舞來

恭喜呀　恭喜呀　若松桑呀

枝葉也繁呀　樹葉也茂呀

宴席熱鬧久久不散。

## 第二場

**大型機械挖掘泥土砂石等的工程聲音。**

大聲：「利用手推車，將泥土砂石運到隧道外面」

字幕：「大正九年（一九二〇年）九月一日，烏山頭水庫工程建設開始」

八田與一的聲音：「工程決定分四個地方來進行，第一個是為了從曾文溪取水的烏山嶺隧道挖掘工程，第二個是從濁水溪直接取水的工程，第三個是烏山頭水庫興建工程，最後是將水道路網系統化的供水排水水道工程。」

場景：建設現場

與一（三十四歲）擔任總督工，由日本技師們和台灣人們從事工程的模樣，用投影機播放出影像，並搭配著工程之歌。

與一和作業人員們的二重唱。

與一：

為了守護農作物　需要防止洪水和豔陽乾旱

從曾文溪引水來喔

作業員們：

（引水喔）

與一：

挖掘隧道　引水喔

作業員們：

（引水喔）

與一：

建造蓄水的水庫喔

作業員們：

（建造水庫喔）

與一：

鋪設鐵道　運送泥土和砂石

凝固泥土　築堰堤喔

作業員們：

（築堰堤喔）

與一：

築堰堤　耐風耐雨　也耐強震
融入大自然　我們的工程　烏山頭水庫

作業員們：

（烏山頭水庫）

與一：

濁水溪和烏山頭　從水庫往北和南

配水給乾涸的大地喔

作業員們：

（配水喔）

與一：

南幹線　北幹線
貫通水田的水道及溝渠
灌溉面積十五萬公頃　供水道一萬公里　排水道六千公里
形成約地球半圈長度的水道喔
對嘉南的田地　交付生命之水

作業員們：

（交付生命之水）

大型土木機械的照片一張一張地播放。

與一：「利用蒸氣動力挖土機，來挖土。」

作業員們：「挖土囉！」

與一：「用空壓傾卸車來搬運泥土。」

作業員們：「搬運泥土囉！」

與一：「大幫浦，開始放水。」

作業員們：「……」

與一：「開始放水，開始放水！」

陳：「給我等一下！」

與一：「不可以阻撓作業！」

陳丟下十字鎬。

陳的歌：

本地人們呀　大家不覺得奇怪嗎
做著同樣的事　但為何 咱們本地人
比他們這些日本人的薪水還少呢
做著同樣危險的事
人命的價值卻有差別　無法接受呀

本地人和日本人馬上分成二組人馬。

本地人們：「是呀，是呀！」聲勢凌人。

與一：「人命的價值有差別，確實是奇怪，但是，工程完成的話，田地有水滋潤，稻米和農作物將結實豐收，如此的話，大家的生活也將變得豐裕呀！」

陳：「哼！誰也不真的認為工程會完成呀！」

柴田：「你說甚麼？如果這樣，為甚麼還要參加工程建設呢？」

黃：「清朝時代也是如此，說要在這樣荒廢的原野上，從山上引水興建蓄水池，但都沒有人能夠完成，任誰也不會真的相信的，我們只想要回我們的日薪。」

與一：「甚麼？如果不相信工程會完成而工作的話，那就不要做了，趕快滾回家去！」

**本地人們，碎碎唸地無法按捺不滿。**

**與一之歌：**

好吧　請注意聽好

日薪不足的部分　就把它當作是我這個八田向你們借的　工程完成後

田地的收穫　會轉眼間迅速增加　農家的收入將倍增

請相信　八田與一將和你們約定

**本地人們：**

為甚麼　為甚麼呀

明明是日本人　卻支配著咱們的日本人
為甚麼　為甚麼要為我們本地人　做到那樣子呢？
八田技師先生　為甚麼你要這麼做呢？
預算太高　總督府也會有怨言的
說是八田來　八田來　八田來了　鬼來了
本地人也討厭你　為甚麼？　到底為了甚麼呀？

與一：「你們為了無法相信的事情拚死拚活地在工作嗎？」
作業員們：「……」
與一：「要是有這種傢伙的話，乾脆就趕快辭掉工作吧！」

從作業員們當中，有位青年走了出來。

青年：「我，相信工程會完成的！」
與一：「英哲！你長高很多了啊！」

英哲：「因為已經十五歲了，（回頭看了作業員們）我，信任八田先生哦！」

陳，把帶來的棍子砸斷。

陳：「八田先生！你可要把這借給你的錢還給我們哦！」

黃：「我也借了錢給八田所長喔！」

與一：「我借的，一定加倍還給你們。」

作業員們：「好吧！再開始作業！」

本地人、日本人也都說著「再開始，再開始呀」，跑了起來。

與一對著大家彎腰深深地一鞠躬。

頭上綁著頭巾回到工作崗位的台灣人作業員們，每個人手上拿著圓鍬和十字鎬，而戴著頭盔的日本技師則指揮著作業。

作業員們之歌：

既然這樣決定了　就請交給我們
一手拿著十字鎬　挖掘隧道喔
岩盤雖堅硬　就請交給我們
不管白天或黑夜　點著燈照亮
握緊鑽孔機　不可鬆懈呀
挖掘下來　裝進手推車喔

螢幕放映著當時的珍貴影像，同時播放著工程歌曲。

「嘉南大圳工程之實況」三分鐘

「已完成之濁水幹線」三分鐘

影片結束

敲打著太鼓和鈴鐺，跳著舞出現的七福神。

歌曲：祈願豐收　加油　加油　再加油

扮演大黑天（福德神）的八田與一、扮演毘沙門天（護法善神）、惠比壽天（招財神）、壽老人（富貴長壽神）、福祿壽（福祿壽神）、弁財天（智慧財神）的日本技師們、扮演布袋尊（彌勒菩薩神）的山形課長，總共七人的神明撒豆子。

七福神：「鬼在外，福在內……」

圍繞著七福神舞蹈的技師的家人們。

柴田技師之妻：「七福神能來到工地宿舍，真的是令人驚喜。」
大城技師之妻：「好像所謂的歌舞表演大會，這很像是八田先生的作風呀！」

攝影師來，拍攝大家的紀念照片。

攝影師：「來，笑一個！」

啪！快門的聲音。

這紀念照片，放映在螢幕上。

七福神們的跳舞歌聲遠離消失。

大爆炸聲。

響著緊急事態的鳴笛聲。

螢幕的紀念照片上閃爍著閃光。

場景：烏山嶺隧道工程工地附近

字幕：「在烏山嶺隧道工程工地發生大爆炸事故」

警鈴聲鳴響中，作業員們以恐怖的姿態從隧道脫困而出。

作業員A：「請救救我！」

中島技師：「發生甚麼事？」

作業員B：「隧道內部起了爆炸。」

作業員C：「在裡面噴出瓦斯氣體……被提燈的火引爆而起的爆炸。」

八田與一踉蹌地跑過來。

與一：「有死傷者嗎？」

作業員D：「還不知道，不過恐怕會超過五十名。」

與一：「五十名?!」

被抬上擔架的負傷者們，一一被抬了出來。

黃志明對著其中一個擔架呼喊。

黃：「陳桑！請張開眼睛，拜託你不要死掉呀！」

作業員：「還有，柴田先生也還在裡面。」

與一：「你說甚麼！」

作業員：「為了救我，柴田先生堅守留到最後……」

勉朝向隧道奔跑。

英哲：「勉！不要這樣。」從後面抓住他的雙手，讓他無法掙脫。

勉：「爸爸他！爸爸他！」

英哲：「（緊抱著）勉……」

勉：「我要成為飛行員，都還沒有跟您說呀——爸爸！請不要離開我們！」

美代：「勉君……」

勉：「難道只有我能回去日本嗎？如果是這樣，我只好留下來……爸爸！」

與一全身癱軟蹲跪下來。

轉暗

## 第三場

送葬的喇叭及太鼓的聲音。

場景：短暫驟雨突然下在烏山頭宿舍前

花車車隊綿延，樂隊沉穩演奏，在這後面的棺材緊接著陸續被抬出來。

八田與一、技師、作業員和家屬們目送這些情景。

送葬隊伍即使已經過去了，但仍佇立著的與一和技師們，在那裡，總督府的幹部靠近他們。

幹部：「八田君！我是總督府的檜山，負責預算的。」

與一：「……」

檜山：「工程延遲以致預算膨脹，我想工程應該先暫時停止。」

與一：「……」

檜山：「原本，這工程計畫就是困難難以實現的。」

與一：「全部，都是我的責任。」

檜山離開，與一蹲坐下來垂頭喪氣。

與一：「對不起！用我的命來換才對。」

與一的面前悄悄出現了男子徐俊英。

俊英：「完全失去完成工程的念頭了嗎？」

與一回過頭來。

俊英：「我想是英哲看中的男子，所以過去就忍耐住了，不過誠如所想的一樣，是個騙子王八蛋，是吹大牛的大騙子，趕快給我滾回日本去！」

拋下這句話後就離開。

與一無話可說。

朝向與一這裡，英哲和台灣的作業員及技師們成群結隊走過來。

黃：「我還沒有拿到你借的錢哦！為了死去的陳永忠和好朋友們，讓工程完成可是你的責任哦！」
英哲：「為了父親他們，不是已經說好不再讓他們辛苦汲水了嗎？讓大家幸福不正是土木技術者的工作嗎？」
技師們：「我們，相信工程一定能夠完成。」
與一：「我，用人命來換取工程這樣的事，做不出來了，抱歉！」
忽有聲音：「如果這樣！父親的靈魂是無法安息的啊！」
英哲：「勉……」
美代：「勉君……」
勉：「如果在這裡就放棄的話，那麼跟隨八田先生來到台灣的父親到底算甚麼？到底算甚麼呀？」

突然，從榕樹下傳來了歌聲。

外代樹鼓勵與一的歌聲：

請回想一下　那一天的事情

在金澤述說的　你的夢想
為了人類　為了大家的幸福
渡海而來的　你和我
你　也看得到吧
美麗的　烏山頭的堰堤
流經水道的生命之水　不管到那裡
瞧　你　也應該聽得到吧
喜悅的聲音　鳥的鳴叫聲　看到了嗎　掛在水面上的彩虹

不久，日本人、台灣人全部的作業員們的合唱：

喜悅的聲音　鳥的鳴叫聲
喜悅的聲音　掛在水面上的彩虹
美麗的　烏山頭的堰堤
流經水道的生命之水

不管到哪裡　不管都何時
相信著　祈禱著

與一不斷啜泣，然後大聲吶喊。

## 第四場

螢幕：呈現再開工的工程景象

從堰堤上發出指令的與一。

烏山頭堰堤注水作業等影像播放當中。

綁著頭巾的黃姓作業員們，拿著十字鎬和圓鍬唱起歌來。

作業員們之歌：

開通了　開通了呀
烏山頭的隧道開通了
開通的隧道　是台灣第一
八田來了　八田來了

從作業員們當中，英哲步行出來。

英哲之歌：

我的苦難　就是我阿爸無盡的苦難
我的願望　就是我阿母無盡的願望
即使如此實現夢想　是一定要的　是一定要的
以此日為目標　相信過來的
八田來了　八田來了

作業員們和英哲之歌：

這個大工程　即使完成了　也是沒有終點的呀
生命之水　有其極限
稻作　甘藷　甘蔗
每年　每年　分配水源吧
如同網狀般地　來建造水道
生命之水　就在這裡呀

大家，拿著白色的頭巾，一起大聲呼喊，並將它拋向天空。

場景：烏山頭車站的月台

越來越近的蒸氣火車的聲音。

勉將白色木頭的箱子從肩頭往下放，英哲和美代來送他。

美代：「回到日本後，要寫信來哦。」

勉：「（默默不語地點頭。）」

美代：「你要當飛行員的呀！」
勉：「（默默不語地點頭。）」
美代：「（對著頭轉向別處的英哲）英哲你也說幾句話呀！」
英哲：「聽得到風的聲音。」
美代：「甚麼？你說甚麼？」
英哲：「（抬頭看天空）勉！你的天空是很寬廣的。」
勉：「不是我的天空，是我們的天空。」
英哲：「甚麼時候搭飛機回來，我們等你哦！」
美代：「是呀！我們一定會等你的。」

要駛離的火車頭噴出的蒸氣將三人團團籠罩著，不久汽笛聲響迴繞。

螢幕：烏山頭水庫的全景照片

字幕：「一九三〇年五月，花費十年的歲月完成了烏山頭水庫」

工程相關人員全員聚集的竣工照片，慢慢地出現然後消失。

# 第五場

場景：完成的水庫送水口設施

「通水典禮」的大布幕

聚集在通水典禮的，除了八田與一之外，還有總督府的幹部、水利會職員及技師們。

一響起如雷般的掌聲，與一就站到大家的面前。

與一：「著手工程開工以來，歷經十年，今天，嘉南大圳終於完成了，但是，我們絕對不能忘記其背後有來自令人尊敬的犧牲者的庇蔭。現在，通水典禮開始，打開送水口。」

嘉南農田水利會的三位幹部走出來，各自握著閥門。

與一：「英哲。」

長得健壯的英哲走出來。

與一：「你也來打開送水口的閥門。」

帶著不可置信的神情握著閥門的英哲。四人轉動了閥門。

影像：從烏山頭的送水門，水花四濺開始放水

充滿熱烈的掌聲和歡喜的聲音。

站在榕樹底下關注著的外代樹、美佐緒、美代。

水門前不斷的鞭炮聲，英哲的父親俊英百感交集，卻又雀躍不已。

俊英雙手合十地說：「難以置信，真是神蹟呀！嗚呼！生命之水，生命之水呀！」

農民們和作業員們也都全部出來歌唱。

歡喜之歌：

朝霧　瀰漫　從這烏山頭水庫
瞧　生命之水流出來
藍色湖面上　漂浮的小島　珊瑚潭
過去這裡是　寸草不生的原野
哦神呀　誰能想到這奇蹟呢
超越未曾有過的難關　甦醒的福爾摩沙
我們心存感謝　我們無法忘懷
飲水時　隨時　想起　幫我們掘井的恩人吧

從榕樹下外代樹走了出來，與一也牽起外代樹的手唱起歌來。

外代樹和與一對唱：

藍色天空　染透大地　水奔流
不論到何地　不論到何地　都一直流著
共同走來的道路　無法忘記
同心協力走過來的同胞們呀　我們無法忘記
笑著　氣著　每一個人的臉
你們的心　無論到何時　無論到何時

字幕：「神之水流經全部的水道需要三天的時間」

轉暗了，只留下水流聲

歌聲　你們的心　無論到何時　無論到何時

# 第六場

震撼的砲彈聲。

轉暗之下，螢幕上出現字幕：

「昭和十七年（一九四二年），八田與一，結束在台灣的工作後，馬上就從日本廣島宇品港搭乘大洋丸號奔向菲律賓，在東海受到美國潛艦魚雷的攻擊，大洋丸號沉沒　五月八日　八田與一　享年五十六歲」

字幕慢慢消失變寂靜。

場景：嘉南平原

螢幕：豐饒的稻穗搖曳著

徐俊英和兒子英哲，從稻田小徑走來。

手上，抱著割下來的稻子。

輕聲笑著的父子。

遠方傳來飛機的噪音，英哲抬頭往上看天空。

英哲：「TSUTOMU（勉）。」

英哲跑過去，父親在後面追趕。

從舞台左邊錯身而過，說話者出現。

旁白：「之後，祖母外代樹是在怎樣的想法下，而做了某個決斷呀？縱使閱覽了書本及資料，但仍無法得知更為詳細的事實，我的父親和母親、叔嬸們也都沒有跟我說，不過，有聽說祖母外代樹過去經常對著八個小孩子唱歌。」

昭和天皇從收音機昭告戰敗的談話。

影像：從烏山頭水庫六門的送水路，轟隆的放水聲，迸出來的水上出現彩虹和服裝扮的八田外代樹，佇立在放水口前。
不久，外代樹開始唱起歌來。
那歌曲，是外代樹畢業的金澤第一高等女校的校歌。
外代樹之歌：

自古　日月天地的
諸神的心　被感動
是世間氣質高貴的　少女心
其所能穿透的　真誠之心呀
在湧出金黃色澤的山澗水中
真正能洗滌心靈的
正是龜之尾山神社的松枝上
寄宿著純潔少女之心吧

外代樹，像跳舞般地歌唱。

櫻花花瓣隨風開始飄散，不久，包圍住外代樹的身影，南方之島的驟雷雨。

轉暗

時代是現代。

螢幕：出現雨停後的彩虹光芒

青年從舞台左手邊出現，在其身後相關人士及觀光客魚貫而出。

螢幕上是八田與一的銅像，而在這前面，僧侶誦經。

雙手合十的相關人士，是嘉南農田水利會的會長及幹部、職員，以及金澤的友好之會會員等。

旁白：「今年也是在祖父的逝世紀念日的五月八日，於烏山頭水庫的旁邊舉辦墓前追思會，如此，每年都沒有例外地，由諸多台灣人為祖父舉行追悼會。我想要更多的認識，祖父超越國境為台灣人民盡心盡力的事蹟。」

歌聲：

紅色的小小鳥　為何為何是紅色的
因為是吃了紅色的果實
白色的小小鳥　為何為何是白色的
因為是吃了白色的果實

完

## 後記

總長一千二百七十三公尺的烏山頭水庫堰堤，比大阪狹山池還長，現在已經成為當地居民早上經常利用的散步道路。此外，已成為公園的烏山頭園區內，有烏山頭水庫及堰堤、洩洪道、八田技師的銅像及其夫婦的墳墓，還有當時搬運用的蒸汽火車、送水幫浦、三角埤公園、廣場、天壇、吊橋等。每年的五月八日，由嘉南農田水利會和當地農民所發起追思八田技師的墓前追思會，都會在這個堰堤旁的銅像前舉辦。

台灣和日本一樣，隨著季節的變化，天氣極為不穩定。在梅雨季和颱風季降雨集中的台灣南部，高達約四十萬公頃的水田灌溉用水該如何來調節才好呢？新冠疫情的數年前，我抵達台灣的隔天早上七點，去參訪烏山頭水力發電廠的放水，被放流出來的水，透過十一點六公里的導水路流出，分送到嘉南農田水利會分支工作站，在這裡分支站長打開閥門，朝幅寬四點五公尺的南幹線十公里、北幹線四十七點七公里的遠處送水。為了三年輪作都能供水，實施自一月開始播種稻苗直到五月，然後在南幹線再分為包括三座水路橋、六條供水支線、四十六條分線、三十五條的排水路。

如此的水路系統，如細網狀般地遍布在十五萬公頃的嘉南平原，水利會的各分支處管理並調整農地的灌溉水利用。透過八田與一技師的三年輪作供水，所有的土地區劃分為各五十町步，並彙整一五〇町步為一個區域，利用水稻、甘蔗、雜糧的三年輪作栽種，即水稻供水時，甘蔗只在種植期供水，而雜糧則無供水的方式，就是採取所謂的每一年依照順序栽種的方法，這樣的計畫過去也曾有過，而實際上區域內也含有低窪地等無法進行土地改良的土地。但持續這樣的農業指導的是嘉南大圳組合（後改為嘉南農田水利會）的水利技師中島力夫先生等職員們。

中島先生為了取得農民的理解，四處辛苦奔走，在執行小組及灌溉監理進行農業指導，並在台南農業學校執教鞭。為了紀念這樣的功績，在八田與一銅像背後的八田與一夫妻墳墓旁邊，嘉南農田水利會為中島力夫技師設置了分髮墳墓。一九七四年曾文水庫竣工後，三年輪作的區域擴大，嘉南平原因而轉變成台灣的穀倉地帶。

這個由八田技師主導建設的嘉南大圳事業，今日仍繼續使用著。對於目前的使用狀況，我曾問過水利會的烏山頭管理處，例如地球暖化對水庫設施是否有影響，對方回答說「最近，一年份的雨量只要降雨數日即可達到，曾文溪水庫流域的山壁因而坍塌。水庫的湖泊被泥沙淤積，讓人擔心是否也會對農業產生影響」，或者是「苦惱如何去除水庫湖泊內淤積泥沙的技術和費用」，還有，「嘉南大圳建好後，嘉南的農業、農民的生活、經濟都有顯著好轉，而現在，經過長年的歲月，因應烏山頭水庫設施老舊的維護工作已成為重要課題」，「當時建設的烏山頭隧道已經老舊了，所以正推動新隧道的計畫與施工」。另外，也提及「烏山頭堰堤的土堤因風雨的侵襲，有好幾個地方損壞，因而開始檢討堰堤的土堤是否需要增厚」等問題。

在本書中，八田技師自身的水利事業，似乎傳承並達成了後藤新平所鋪設的命運軌道上階段性的任務，亦即建構台灣現代化根基的卓越人才，其所致力的事業可說是已經實現了。這些優秀的工作人員，超越了所謂殖民地的範疇，對於能夠豐富並守護、提升台灣人民生活的工程，傾注全心全力的技術與熱情；至於不忘對八田技師的恩情表達感謝之意的當地人士，則每年舉辦慰靈祭。除此之外，在各地區為土木事業努力奮進的日本人，也都受到當地居民的尊敬及愛戴，對於這樣的事情我深為感佩。除本書介紹的人物之外，還有許多在不同領域裡留有豐碩成果的專業人士，我打算盡可能再進一步地發掘更多的人事物。

創作歌劇《到台灣引水的男人～八田與一的故事》，是描述我所意識到的台灣農民們與日本技術者們之間，充滿情感糾葛的人群戲劇，而這是筆者我過去企劃及原創作的漫畫電影「八田來了！南島水之物語」中沒有描述到的，因此把該劇本附載在本書當中，希望諸位先進能多加指導與協助。

# 譯後隨筆

鄧淑瑩、鄧淑晶

二〇二一年及二〇二二年間，筆者分別翻譯了稻場紀久雄教授所著《巴爾頓傳奇～百年前的台日公衛先驅》、《都市的醫師～濱野彌四郎之足跡》二部大作之後，偶然機緣下收到緒方英樹先生寄來其大作《台湾の大地を拓いた人たち（開墾台灣大地的日本人）》的日文原文書，一經翻閱，發現書中敘述的人事物與上述二書有脈絡關聯，各章節清楚描述日本統治台灣時期的基礎建設情形，淺顯易懂，遂燃起要將它翻譯成中文版之念頭，讓更多人可以瞭解日治時代在台灣土地上貢獻心力的日本人及其家屬的事蹟。

本書記載了台灣總督府民政長官後藤新平主政時期，先後來到台灣推動建設的日本青壯菁英，如何運用專業智慧，本著不屈不撓的毅力，促成若干硬體公共建設不朽的成果，包括闢建南北縱貫鐵道、興築港口、建設上下水道、興建水庫及堤防、開拓地下水資源、興建水力發電廠等，為台灣奠定經濟民生的基石，改善民眾生活水準。

書中亦提到第一批從日本坐船抵達台灣，致力於提升台灣公共衛生設施的蘇格蘭人巴爾頓技師，他在交通不便的當時，進入未開化地區調查及規劃台灣上下水道建設，志在讓台灣及早脫離衛生不佳的環境，使居民可以飲用乾淨的水，減少傳染病的散播，改善人民的生活品質，然而自己卻在探索烏來地區水源的時候染疫生病，返回日本不久後病逝異鄉東京；陪伴巴爾頓恩師來台，且繼承其遺志的濱野彌四郎，繼續老師未完成的志業，持續上下水道的建設工作，位於台南市山上區水道博物館的設施就是其代表作。

衷心期盼本譯本能為台日文化歷史交流增添薪柴，讓台灣民眾更瞭解日治時期日本有志之士的貢獻，有機會走訪歷史遺址時，也能緬懷斯人飄洋過海來台建設的可敬過往。

二〇二四年三月三日

1841
一八四一

# 日治建設的尋古之旅：

## 從基隆港到屏東二峰圳，走訪臺灣歷史的八個悠遊路線

作　　者　緒方英樹
譯　　者　鄧淑瑩、鄧淑晶
責任編輯　Winston
文案翻譯　松尾健司
文字校對　Jason Yuen、蘇明通
封面設計　黃英櫻
行程規劃　謝淏嵐、Jason Yuen
內文排版　王氏研創藝術有限公司
出　　版　一八四一出版有限公司
印　　刷　博客斯彩藝有限公司

2024 年 4 月　初版一刷
定價 420 元
ISBN　978-626-98202-3-8（平裝）

一·八·四·一

社　　長　沈旭暉
總 編 輯　孔德維
出版策劃　一八四一出版有限公司
地　　址　臺北市大同區民生西路 404 號 3 樓
發　　行　遠足文化事業股份有限公司
（讀書共和國出版集團）
郵撥帳號　19504465 遠足文化事業股份有限公司
電子信箱　enquiry@1841.co
法律顧問　華洋法律事務所 蘇文生律師

日治建設的尋古之旅：從基隆港到屏東二峰圳，走訪臺灣歷史的八個悠遊路線 / 緒方英樹作．－ 初版．－ 臺北市：一八四一出版有限公司出版：遠足文化事業股份有限公司發行，2024.4

面；　公分

ISBN 978-626-98202-3-8（平裝）

1.CST: 公共建設 2.CST: 公共工程
3.CST: 日據時期 4.CST: 臺灣史

553.12　　113003535

1841

一八四一